石見尚 Iwami Takashi

日本型協同社会論事始め

論創社

はじめに

一九八〇年代からグローバリゼーションという言葉が行き交うようになった。

実際、その頃から、国の景気は為替相場の影響を受け、経済成長も雇用も世界経済の動向に左右されるようになった。国境線の枠の中に人口が存在し自らの政府を構成しているという「国民国家」だけで解決できない問題が多くなった。グローバル化の時代には国家の枠を超えた世界の人間社会の次元で考えることの重みが増してきた。

「日本の常識は世界の非常識」などと言う言葉を聞くことがあるが、グローバリゼーションが進行する時代には、私たちの日本と日本人は「国民国家」の中に閉じこもることなく、みずからを相対化して見ることが必要であるように思う。なにもないところで自らを相対化せよと言っても無理であるから、協同社会の概念を規準として考えようとしたのが本書である。

実のところ、日本の常識にも優れた点が多い。潜在能力はあるが、世界に向けて発信されていない。それを世界的な常識にするには、たとえば国際協同組合同盟（ＩＣＡ）や国際労働機構（ＩＬＯ）などの憲章にある協同社会の理念によって表現を豊かにすればよいのである。

第1章「グローバル時代に注目される日本の小さい町」では、日本の特性がもっともよく現れるモノづくりの工業的地域社会を取り上げた。そのため、日本のシリコン・バレーと言われる長野県坂城《さかき》町を例として、日本工業の内発的発展の原動力となった養蚕・製糸マニュファクチュアとコミュニティ形成について私見を述べた。そして、アングロサクソン系市民社会の知識人および中国（上海）の優れた研究者の日本社会の理解と対比してみた。日本と日本人を相対化するための一助となれば幸いである。

第2章「モンドラゴン協同組合（MCC）についての産業論からの検討」は、世界の協同組合運動を理念と実践においてリードするモンドラゴン協同組合の成功の過程を大局的に分析評価したものである。こうした検討は、協同組合の国際的事業が今後避けられない課題であると思われるので、協同組合の多国籍化についてのMCCの経験は歴史的意義がある。

言うまでもないが、いままでの日本の資本主義企業の海外進出は協同社会の理念と方法によるものではなかった。日本の一般企業にとっても、また日本の協同組合にとってはなおのこと、モンドラゴンMCCの経験を丹念に追跡し研究することが、「日本の常識を世界の常識」にする道に通じると思われる。

第3章「協同社会が考える労働運動のかたち」は、個人が自分を生かす職業・職種を自主的に選択し活き活きと働くことのできる組織を問題にした。これは第1章の坂城の評価とも重なる視点でもあるが、さらに全国どこにでも実現を拡げる観点から、人間の幸福にとって普遍的な働き方の問題、とくに労働組織の問題を取り扱かった。日本にかんしては企業別労働組合に変わる職業・職種別労働組合やワーカーズ・コープに関心を置いた。そのため海外事例への目配りも多くなった。この問題をクリアすれば、「協同社会」がイメージしやすくなること必定である。

第4章「日本型コミュニティの再生のために」では、日本のコミュニティの隠れた特性を再確認しつつ、現代の協同社会を再生する方法をのべた。その上で余禄ではあるが、「国民国家」の意識にとらわれていては解決のつかない他国との政治問題を超えてゆくための心構えとして、民衆レベルでの協同社会づくりを考えてみた。そのため、「浅田次郎の『蒼穹の昴』と梁啓超」および「習近平体制下の「農民の市民化」政策についての日本からの一提案」を追加した。それは表面的な制度の背後にある統治階級と民衆社会の生活習慣と意識習慣の関係に注目したものである。

本書では、「協同社会」の定義から始めていない。というのは、「協同社会」の概念については、拙著『都市に村をつくる――「協同組合コミュニティ」に根ざした国づくりのために』（日本経済評論社、二〇一二年九月）を理論編としてすでに述べており、本書はいわばその臨床試験編であるからである。各々の章節は独立したテーマであるから、どこから読み始めていただいてもよい。強いて言えば、第3章の3節「労働立国のオルタナティブ社会――四辺形の理論」、7節「ワーカーズ・コープと労働組合」から始め、次に第1章「グローバル時代に注目される日本の小さい町」に移るのも一つの方法かと思われる。

ソースティン・ヴェブレンの『有閑階級の理論』との類推で言うと、本書をその反対側の「職業的労働階級の理論」の試みとして読んでいただけるならば光栄である。忌憚のない論議を期待している。

二〇一五年三月

石見　尚

日本型協同社会論事始め　目次

目次

第４章　日本型コミュニティの再生のために

第1章　グローバル時代に注目される日本の小さい町

1　世界都市は東京だけではない

（1）大都市東京の魅力

東京はしばしば過密の弊害が指摘され、悪評の高い巨大都市の代表例の一つであった。しかしグローバリゼーションが顕著になった一九八〇年代前後から都心部と湾岸地帯の再開発がすすみ、東京に住むこと五〇年余になる私でも見違えるほどの新しい世界都市に変わった。そして東京一極集中が止められないほどの意外な魅力が注目されるようになった。新しい東京の魅力とは何か。

①日本を代表する政治、経済、文化の総合的な発信地であることである。世界の時事ニュースから時々刻々にかわる株式・為替市況、気象予報、最先端のファッションまで東京を経由しないものはない。東京オリンピックに集約されるように、東京はいまや世界都市である。

②都心の盛り場はもちろんのこと、二三区内のＪＲや私鉄の駅付近は毎日が祭りのように

人があふれている。浅草やその他の観光地・ショッピング街には外国人が多数訪れている。混雑していると言えばそれまでのことであるが、それだけ活気があふれていると言うことであろう。

③盛り場を一歩離れると、下町の谷中のように、閑静な庶民の伝統的な生活空間がある。銭湯は少なくなったが、車のはいらない生活臭の残る商店街がどこにもある。そこには古い看板の店があり、昼間からシャッターをおろす店などは見あたらない。

④東京には近代西洋文化の移入のあとを濃厚にしめす建造物が多い。その一方では、二三区をはじめ通勤圏の居住区には、西洋近代化とは異質の日本的な神社仏閣と森があり、日本的な木造建築なども残っている。稲荷社、地蔵、庚申塚などが土俗信仰のゆかりを伝えている。この文化の混在が矛盾に満ちた日本人の心の文《あや》をしめしている。合理主義がすべてではない。

⑤東京はコミュニティが崩壊しているように宣伝されすぎているきらいがある。古いコミュニティの崩壊は、現代の日本の地方都市や農村にも見られる現象である。そして新しいコミュニティのあり方が模索されている。近隣の人間のあいさつや人情が極端にうすれているわけではない。

⑥東京の都市構造を見ても、中心市街地と市民の居住市域が程良く分離した生活空間を形成している。江戸時代からの町場、産業革命期の初期市民層が拓いた町並み、さらに関東大震災以後の中産階級が形成した山手市街地、第二次大戦による焦土からの経済復興とともに進んだ都市づくりが樹木の年輪のように、混乱のうちになんとなく有機的な都市構造をつくりだしている。

東京の大気の質はいまでは悪くはない。騒音被害も盛り場や幹線道路、軍民空港付近をのぞけばほどほどに良くなっている。都市交通の手段が発達していて買い物やサービスの多種多様な需要に対応することができるので、車のない高齢者や子供の日常生活にとって便利である。市民生活は概して安全である。

東京への一極集中には国全体を弱体化する弊害があるので、一極集中を擁護するわけではない。しかし東京への一極集中にはそれなりの理由があることも理解しなければならない。

(2) 普遍的価値を持つこと

東京がグローバルな時代の国家的発信地であるとすれば、情報が国境をこえて伝播する時代であるから、小都市と農村にも東京と同等に世界基準で個性を発揮する機会が与えられている。問題は小都市や農村が世界に通用する普遍的価値をもつ活動を担っているかどうかである。

普遍的価値というと、何か難しい哲学的用語のように思われるがそうではない。「公正」という言葉を聞いた人は多いであろう。いま世界いたるところで民衆のデモがおきている。その原因はいろいろある。たとえば貧富の格差。人種差別、性差別などなど。これらは「公正」に反する問題であるからデモがおきる。普遍的価値は「公正」にかぎらず多様である。

地方都市や農村の個性というと、特色のある地方文化、景観・風俗、歴史的遺産などを意味するように思われがちであるが、それらの個別特殊的な文物はそれだけでは一過性のものに終わる可能性がある。持続性のあるものになるには、たとえば労働の尊厳とか平和とか健康な環境とか人類共通の価値に根ざしたものでなければならない。それらの価値を表現し実現する実績を通じて、世界の人びとに理解され交流を深めることができるのである。その普遍的価値に基づく地域社会があれば、小さい都市でも農村でも世界の人びとに生きる勇気を与えまた新しい秩序の形成に貢献することができる。

その一例は長野県埴科郡坂城町《さかき》。これは中小工場三〇〇が集積する農村小都市である。恥ずかしいことであるが、私は坂城町の名にはじめて接したのは、英国人、ポール・ハースト（一九四七－二〇〇三）の著作『アソシエイティブ・デモクラシー』（Associative Democracy 一九九四）によってである。

かれは言う。人間集団の習性として、共通する目的のある小規模な集団はアソシエーション（組合）社会をつくる。共通の目的のない大きい集団はアソシエーションを形成することなく霧散してしまうと。普遍的価値にもとづくものがないからである。

2　日本のシリコン・バレーと言われる長野県坂城《さかき》町

（1）長野県上田地域と養蚕業

坂城町は上田市に隣接する農村で、通勤・通学・購買行動から言うと上田都市圏にはいる。現在の上田都市圏を含む東信地域が歴史に登場するのは鎌倉時代であるが、それも鎌倉幕府の地方統治者である地頭職がここを伊勢神宮の荘園に指定してからである。それ以前、東の関東平野では利根川中流にすでに前方後円の古墳群があり、大和王朝の古代政権が確立していたことを考慮すると、山岳と高原の寒冷地帯で平野の乏しいこの地域は、中央政権にとっては経済的に魅力のない後発地域であったと思われる。

江戸時代にこの地域が幕府の天領となったのは、軍事と交通の要所であったからで、金銀銅などの貨幣・工芸の資源に恵まれていたからではない。しかし徳川幕藩体制下では、東信地域にも商品経済が浸透し始めた。封建体制は米を基本とする経済であったが、生糸と絹織物は、共同体と共同体の間の取引を担う富裕問屋資本のもとで、米を補完する市場経済の有力な商品になったからである。

農家にとって見ると、桑は用水の必要のない畑地で栽培されるので土地利用の拡大になる。繭は一年に二回収穫できるので、端境期の就業機会が増える。農家は集落ごとに養蚕組合をつくった。繭のまま出荷すれば、郡是、片倉を頂点とする製糸会社の傘下の仲買の特約業者に安値で買いたたかれるので、養蚕組合は組合製糸工場を設立して、繭から生糸に加工した。その製糸労働力は農家の女性たちであった。養蚕地域では早くから労働市場が生まれた。農家にとって養蚕は重要な換金作目であり、製糸は貧しい農家から賃労働者を吐き出させた。

明治政府は日本の殖産興業の柱として養蚕業を振興し、生糸は輸出の基幹商品となった。政府は明治五（一八七二）年に群馬県に官営富岡製糸場を設立した。生糸の輸出による収益は、明治三〇年代にはじまる産業革命を引き起こす資本の原始的蓄積の起動力になった。そしてなによりも、日本の土着製糸業の生産様式は前期工場制度とも言うべきマニュファクチュアの段階まで進歩していたので、日本の産業革命は西洋植民地と違って、日本固有の伝統技術の上に自ら改良を加えるという自主性のある内発的発展型のものとなった。

このようにして、東信地域は明治期の近代化とともに開発が進み、その商工業の中心地のひとつとして上田市が発展した。政府は上田に明治四三（一九一〇）年、上田蚕糸専門学校を設立した。上田都市圏にとどまらず、長野県は全体的に日本有数の農村工業の発達地域であり、教育水準が高く人びとが理論好きである。協同組合運動がさかんで、経済が貧しい時代でも志は高かったのは、もとをたどれば養蚕業に負うところが大きいと思われる。

以下、問題を集中的にとりあつかうため、坂城町に限定して考察しよう。

(2) モノづくりの町――坂城

坂城町は上田市に隣接する田舎町である。坂城町は、面積五三・六四㎢、東京都の一〇〇〇分の一、人口一万五七三〇人（二〇一〇年）は東京の一〇〇〇分の四、全国市町村一七九七のうち一一〇〇位という中山間の小さい町である。千曲川が町のなかを流れ、その河川敷に向かって、東北部から山地が緩やかな勾配で迫っている。平地が少ない。町の中心街へのアクセスは上信越自動車道を利用するか、長野新幹線の上田駅でしなの鉄道に乗り換えなければならない（第１－１図）。

グローバリゼーションが進行し始めた一九八五年ころから地方の市町村はほとんど例外なく人口減少傾向が現れてきた。しかし坂城町は他と比べるとわずかな減少である。（第１－２図）。

〔第 1-1 図〕坂城町の略図

坂城町は製造業部門が卓越した町である。ちなみに産業部門別の就業人口（一五歳以上）の構成は一次産業一〇%、二次産業四六（以下同様）、三次産業四四（二〇〇五）であって、二次産業の優越する町である。二次産業のなかでも事業所数、従業員数、出荷額の点で一般機械器具の製造が主になっている町である。（第１－１表）。

他の工業都市ではグローバリゼーションとともに工場を労賃の安い新興国へ移

〔第 1-2 図〕坂城町の人口の推移

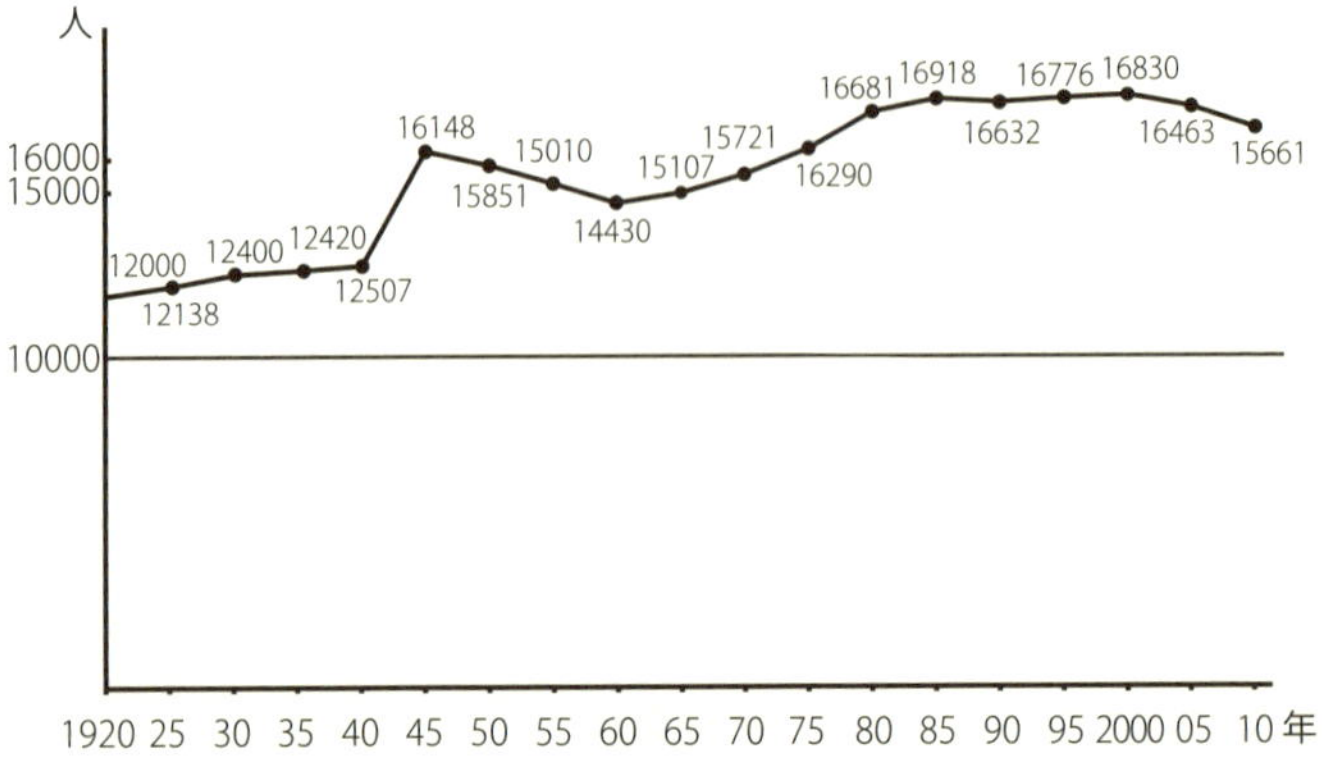

〔第 1-1 表〕坂城町の製造業の種類（2006）

	事業所	従業員（人）	製造品出荷額（億円）
一般機械器具	135	3789	1502
プラスチック製品	35	361	42
金属製品	23	220	21
輸送機械器具	16	332	68
電気機械器具	16	208	25
食料品	10	304	87
電子部品・デバイス	7	88	11
情報通信機械器具	6	171	22
精密機械器具	5	24	2
家具・装備品	5	26	2
印刷・同関連品	5	19	1

備考　坂城町統計書による

転する企業が出てきたにもかかわらず、ここではモノづくりに情熱をかたむける企業が多く、海外への移転がきわめて少ない。そこには企業の性格の違いがあるのではないかという問題意識がうまれる。モノ作りの人間の姿勢というか覚悟というかエートスが問題になる。そしてまた企業の精神論だけではなく、工業製品の市場構造と関係があるのではないかという問題が出てくる。

(3) 製造企業の事例

長野県の養蚕は昭和五（一九三〇）年をピークとして急速に下降線をたどった。その原因はその年に始まった世界恐慌によるアメリカの生糸価格の下落、加えるに銀行破綻と生糸に代替する人造絹糸の発達である。その翌年、満州事変が勃発し、太平洋戦争にかけて労働力の軍需産業への転換が始った。それ以前の養蚕の最盛期には桑園面積が水田面積を超え、養蚕農家は農家総数の八〇％に達した。日米開戦直前の昭和一五（一九四〇）年までの坂城町の人口からみると、坂城町が農業と商業で養うことのできる人口規模は一万二五〇〇人の水準であった。

昭和一六（一九四一）年、アメリカ軍の本土空襲に備えて軍需工場の疎開が政府の方針となり、それ以後、昭和一八（一九四三）年末にかけて、内務省防空局は京浜、阪神、名古屋、北九州の重要工場と周辺人口の分散疎開を推進した。

桑畑が広がる坂城に疎開してきた第一号は宮野鑢《ヤスリ》工場で、日本発条、大崎製作所などが続いた。疎開工場といっても別に建屋があるわけではなく、かれらは養蚕農家の納屋を借りてほそぼそと操業したのであった。戦時と戦後の企業数社を例示しよう。

①MN鑢《ヤスリ》製造所（現（株）アルプスツール）（資本金一億円　従業員三〇〇名）

MN鑢製作所は宮野利盛が昭和四年東京都亀戸に創った工業用ヤスリの製造販売の企業である。昭和一六年、長野県の招致で坂城町に移転した。坂城町の寿（ことぶき）製薬の創始者、富山節の義父富山良三と汽車の中で偶然知りあった縁によるといわれている。この鑢製造所はヤスリのほかに開発した自動旋盤用チャック、ツール部門をMN製作所から分離して、昭和三三（一九五八）年に（株）メクトロンを設立した。シャック、ツールと言うのは、切削機械に取り付ける工具のことである。さらに昭和四四（一九六九）年、MN製作所の工作機械用工具類、周辺機器製造を分離統合して（株）アルプスツールを設立した。その後も切削機器の新工具類を開発し、製造ラインの設定の必要から工場を新たに作り、坂城町内に五つの工場を造成している。

②ＯＳ製作所（資本金一九二五万円　従業員七〇人）

一九二二年、東京・品川で大崎信実が機械工場として創業した。昭和一八（一九四三）年、坂城に移転し、昭和三六（一九六一）年、長野ＯＳ製作所と社名変更した。事業は精密プラスティック部品の金型設計から製作・成形まで一貫製造を行う。

③ＴＵ製作所（資本金三六億三一九四万円　従業員四二五名（正社員三九〇名）

創業者の竹内明雄は坂城町生まれ。一五歳で地元の自動車部品工場で働くうち技術を体得し、完成品まで手掛けたいという希望から、昭和三八（一九六三）年、ＴＵ製作所を設立した。住宅や市街地の基礎工事に使える小型ショベルカーを作ってほしいと知り合いの業者からの依頼をうけて三六〇度旋回できるミニショベル、クローラーローダーを開発した。その後も建設機械や工業用攪拌機など設計、製造、販売まで一貫生産体制を確立している。製品は国内よりも欧米先進国への輸出が多く、海外で高い評価をうけている。「創造」、「挑戦」、「協調」がモットーで、次世代のグローバル・スタンダードを目指している。

④（株）ＮＳ樹脂工業（資本金五三億六二五〇万円　従業員連結八七四名）

創業者青木固（かたし）が終戦後、満州から引き揚げてきて、昭和二二（一九四七）年に設立した。プラスチック射出成形機・金型・成形自動システム・計測機器などの開発・製造・販売を行う。国内に営業所を持つほか中国・東南アジアを主として世界に子会社をもつている。

以上は従業員三〇〇人以上の大規模企業で海外にも代理店や子会社をもち、世界市場に名の知られる企業に成長したものであるが、そのほかに中小零細企業が集積している。

⑤（株）ＣＩ化工（資本金一〇〇〇万円　従業員六五名）

昭和二一（一九六四）年、真空管の足の製作とニッケル・メッキのために会社設立。自動車部品、機械・電機部品の小ロットから量産品までのメッキを営業品目としている。

⑥（株）ＭＴ製作所（資本金二二〇〇万円　従業員一三名）

昭和三九（一九六四）年、農業用噴霧器ノズルの製造販売、油圧ホースのアッセンブリ（自社加工）など農業用小機械・資材の総合商社となっている。

⑦ＳＡ（資本金一〇〇〇万円　従業員七名）

昭和四九（一九七四）年、元薬局経営の関戸寿雄が一転してトラン・シーバーのデジタル・テスターとカスタムＩＣチップの開発・製作に乗り出し、アメリカで販路の拡大が期待されたが、米国電波法の改正で開発費が回収できなくなって、昭和六三（一九八八）年、倒産した。

⑧（株）ＳＷ樹脂工業（資本金一〇〇〇万円　従業員三〇人）

大正一（一九一二）年設立。昭和三七（一九六二）年、坂城で射出成形機でコップ生産を開始し、医療用プラスチック製品、理化学容器などを生産している。

⑨（株）ＯＲ（資本金一〇〇〇万円　従業員六〇人）

小林厚視が昭和三八（一九六三）年に開設した技術集団の会社。真空包装機、制御盤など設計・資材調達・加工組立て・納品まで一貫生産システムを整え、一般産業機械器具・配電用電気機器装置などの製造を行っている。

⑩（株）ＫＺ（資本金五〇〇万年　従業員七人）

風間正雄が昭和四五（一九七〇）年設立した。プラスチック金型設計製作を行う。

⑪（株）ＤＡ工業（資本金一〇〇〇万円　従業員三六名）

伊藤俊雄が一九五八（昭和三三）に（有）伊藤製作所として設立。一九六八（昭和四三年に坂城プレスを吸収して（株）ＤＡ工業となる。ステンレス、鉄、アルミの金属片をコンピューターを駆使してミクロン単位で曲げ、穴あけなどの加工成形をしている。精密板金、加工の設計製作の専門企業である。

渡部琴子の著作『籠に収まらない鳥もいる』（文芸社、一九九九年）は、上に例示した⑦（株）ＳＡの創業者関戸寿雄を主人公とした坂城のベンチュアー・ビジネスの経営者像を描いたノンフィクションであるが、そのなかで渡部氏は坂城の企業の始まりについてこう述べている。

「土地の狭いこの地では、戦争で空襲に見舞われるという不幸はなかったものの、それでも住む家に余裕があるはずはなく、人びとは生家や親類縁者を頼つて、その納屋で生活するほかなかった。……その中に、ほかに一切がなかったけれども、「技術」だけは身に付けて帰った人がいた。それらの人びとが、納屋に機械を持ちこんでこつこつ腕を磨き出した。……こうして坂城に納屋工場が誕生した。

それから苦節一〇年、敗戦から立ち上がった日本の経済成長の波に乗って、納屋工場はいっせいに開花した。

射出成型機、インジェクションプロー成型機等をつくり、現在、世界一のプラスチック・メーカーである日精樹脂工業も納屋工場から身を起こしたひとりである。……これら納屋工場の成功を目の当りにした坂城の人びとは、「オレも一丁やってやろう！」と奮起した。……その夢が夢を呼び、みるみるうちに我が家の納屋が工場になり、あるいは納屋を建てて、そこが工場になり、坂城に工場が集積していった。完成品をつくる工場が出来たかと思うと、その傘下の下請工場も続出した。……昭和四〇年代に世界中を襲った、いわゆる鍋底景気、ドル・ショック、オイル・ショックにも、坂城は強かった。世界中に倒産する企業が続出したが、坂城で倒産した企業は一社もなかった。いや、倒産などしようものなら、この町に住んでいられなくなるのである。だから、つぶれかかると、身内や親戚が一致団結して、あくまで倒産させまいとする。」（六六〜六八頁）

（4）工場群落の生態

坂城町には製造業の企業は経済成長期に三〇〇を超える時期があった（第1－2表）。経済成長の低下した二一世紀に入ると、事業所の数は従業員数ともいくらか減少傾向にある。

一般に工業の事業所は法人が普通であるが、ここでは個人事業所つまり家族経営も少なくない。町内の一〇世帯に一つが社長の家だといわれる所以である。家族従業員を除く雇用労働者のうち正社員が八六％（二〇〇六年）である。事業所の減少は高齢化、後継者不足が一因であるが、工場が手狭なため町外に移動する工場もあるからである。

これらの企業の最大の特徴は、第一は生産手段である機械器具を製造していることである。消費財ではないということである。

第二は中小零細企業が主体であるとはいえ、それぞれ設計、製造、販売、修理まで完成品として自社ブランドをもっている。（第1－3表）

第三は下請け企業が少なく、独立企業として製品を取引し、協力関係を結んでいる。

第四は自立性の高い個性的な技術の開発意欲が強い。

第五は企業としての自立を資金的、技術的、取引関係などで支援する体制がある。

坂城の成功企業では、土地が狭いので自社を拡張するよりは、技術のある労働者を独立させ、製品取引や資金の面で支援する方針をとる場合がすくなくない。これらの独立を支援する団体として、坂城町、坂城商工会、公益法人さかきテクノセンター、テクノハート坂城協同組合がある。

〔第 1-2 表〕事業所数と従業員数

年次	事業所			従業員		
	総数	法人	個人	総数	男	女
1965	130			4260		
1970	242			5766		
1980	297			5622		
1990	357			6489		
1995	359			5790		
2000	309	191	118	5726	4078	1648
2005	276	176	100	5778	4174	1604
2010	249	166	83	4587	3298	1289

備考　坂城町統計書と粂野博行「長野県埴科郡坂城町の工業集積」による

〔第 1-3 表〕従業員規模別製造業事業所（2006 年、平成 18 年）

	総数	4 人以下	5 ～ 9 人	10 ～ 19 人	20 ～ 29 人	30 人以上
事業所	284	149	54	29	20	32
従業員	5724	356	340	404	477	4147

備考　坂城町統計書

商工会とさかきテクノセンターの共催事業として二〇一一年にスタートした「坂城経営革新塾」はさらなる前進をめざして、以下の目的をかかげて研修会を開いている。

①中小企業の強みである技術の棚卸とブラッシュアップ
②公的機関の連携活用（技能技術相談指導・技術開発）
③技術・アイデアに基づく企業間連携
④わが社の未来戦略づくり
⑤ビジネスモデルの構築
⑥知的資産の形成

⑦情報交換

⑧その他経営革新に係る課題解決

結論として、坂城の工業集積の構造が見えてくる。かれらは歴史的な養蚕業から生まれた自立性が基礎になって、技術と製品の自主的開発の意欲が旺盛である。また経営の自立志向が強い。起業精神が旺盛である。まさにベンチュア・ビジネスにふさわし気質に恵まれている。しかし生産環境としては、山間地域であり、工場用地としては広さに制約があり分散立地をまぬがれない。創業のための資本は親類縁者から調達できる範囲に限られる。その後の事業拡張のためには自己の勤勉な労働と成果の内部蓄積によらなければならない。こうした条件が企業としての取引範囲を規定する。

従業員三〇人未満の小企業では坂城町内ないし上田都市圏が取引の主要範囲となる。まさにローカルな企業にとどまる傾向がある。

三〇人～一〇〇人の中規模では関東地方北部の群馬、栃木県あるいは関東南部に拡大できた。

従業員三〇〇名前後の企業ではその製品の独創性によって、ローカルな市場を飛び越えた全国市場に広がる傾向がある。それどころか、日本国内ではなく海外にブランド力を広める力とエネルギを発揮している。

先にあげた渡部琴子の作品にある坂城町役場の商工課長の言を借りると、「坂城は、頂点がひとつだけの工業城下町ではなく、頂上がいくつかある八ヶ岳山塊型。だから、みんないい意味で競いあっている」。

渡部氏は続けて言う。「つまり、坂城は経済人の町であり、その人が弱いうちはそれを育み、それが成功したからといって、その足を引っ張る奴はいないのである」。（六九頁）

参考文献：粂野博行「長野県埴科郡坂城町の工業集積」。渡部琴子『籠に収まらない鳥もいる』（文芸社、一九九九）

3　海外研究者の坂城の見方

(1) デヴィッド・フリードマン（米国）の見た不思議なコミュニティ

十人十色というが、坂城についての海外の見方は、大筋で共通している。しかし微妙な差があるのも事実である。坂城に最初に注目したのは米国のデヴィッド・フリードマンである。

デヴィッド・フリードマン（David Friedman）はマネタリズム・新自由主義の提唱者、ミルトン・フリードマンの息子である。

父はノーベル経済学賞を受賞した米国の高名な経済学者である。かれは行詰まった資本主義をケインズ流の国家による市場介入政策から再生するにはすべての規制を撤廃し、自由な市場原理に立ちかえるべきだと主張した。いうならば新自由主義経済学の元祖の一人である。先般死去された宇沢弘文氏はテレビ放送の追悼番組のなかで、「ベトナム戦争の時、ミルトン・フリードマンが米国は水爆を使えと言った」と憤慨していたのを思いだす。宇沢氏が日本帰国を決心したのは、それが一因と言うことであった。

息子のデヴィッド・フリードマンは父とは違って、資本主義にはある程度の計画性ないし調整性が必要であるとする経済学者である。そのデヴィッド・フリードマンが坂城町に遭遇したのは、日本の工業生産高がアメリカのそれに近づき始めた一九七〇年代後半から八〇年代前半の頃である。

当時アメリカでは日本工業の急成長について、それは日本の官僚（通産省）の指導による効率性の追求と低賃金による輸出のせいであるというのが一般的認識であった。かれはその通説に疑問をもち、日本の実態を知るために来日し、通産省の担当者や日本の多くの経済学者の協力を得て、アメリカの日本認識がまちがっていることに気がついた。それを決定ずけたのが、坂城町の実態調査であった。かれの著書〝The Misunderstood Miracle ― Industrial Development and Political Change in Japan〟(一九八八)は日本の製造業とくに中小企業の生産の柔軟性に着目している。その中の一章を「産業の地域主義――坂城町」にさいている。その章の冒頭を紹介するとこう述べている。

「長野県の中部農村地域にある坂城町はハイテク工業団地とは似てもつかぬ所である。坂城町の成長は、私が検討してきた日本の全国的政策動向がこの期待されてもいない地域で顕著な産業変革をいかにして作り出したかを物語っている。坂城町の場合をみれば、小企業の柔軟な生産方策が新しい一般的な数値制御の手段にたいする需要にいかに結びついているかがわかる。

小規模で柔軟な工場の地域的アソシエーションの事例は、ヨロッパの研究では主にイタリアを例として示された。そこにはある程度の集団的特性と専門的企業の柔軟な活動が生き残るために必要であったからである。……日本の本州中部の山岳地帯の長野県にある一つのコミュニティ(自治体)、坂城町の産業史は日本の産業の長い歴史を映し出していくばかりでなく、さらに進歩したコンピューターの発展と固く結びついている。」

（二七七－七八頁）

アメリカの工業システムでは、一つの大企業があって、その下に多数の下請け部品製造の企業がぶら下がる構造が普通である。だから一つの大企業が倒産すると下請け企業もすべてが倒産してしまう。これにたいして日本の坂城では多種多様な独立の小企業があって競争しつつ連携している。一つの製造部門が倒産しても他の部門の小企業が活動していれば、互いに生き残ることができる。これらの小規模企業が外部の大規模企業からの価格引き下げ圧力に強いのは協同・協力の風習が地域の社会的伝統として継承されているからである。

フリードマンはアメリカになくて坂城で初めて出くわした協同の風習として、外注企業からの契約単価の引き下げに対応するためや迫る納期に間にあわせるために、企業の間で設備の借り貸しや技能者の手間貸しの習慣のあることに興味をもって注目している。これはよほど珍しかったのであろうが、日本では伝統的農村の「結い」の名残である。つまり小規模企業群による工業コミュニティなのである。

フリードマンはコミュニティの伝統的手法がわからないから、この特異な習慣を自己納得するために注目したのは、小企業で導入されているコンピューターとそのソフトウエアの共通性である。一つのソフトウエアがあれば、企業がちがっても労働者がちがっても同じ製品を生産することができる。ここに納得する根拠を求めたのである。したがって坂城では、製品の価格維持交渉よりも製品の質とその質を保障する人間教育を重視することになるのだと。かれはまた、その「協同」を推進するには組織がなければならないと、そして協同のシステムの中核として、坂城商工会を射あてて満足するのである。

参考文献：David Friedman; The Misunderstood Miracle — Industrial development and political change in Japan（1988）

（2）ポール・ハースト（英国）の考えるアソシエーションのモデル

G・D・H・コールは一九五九年に死去した。それとともにイギリスではアソシエーション論の灯が消えた。一九九〇年代に敢然と再び新しい灯をともしたのがポール・ハースト（一九四七－二〇〇三）である。かれは新進の行動的な社会学者であった。かれは嘆く。「君の考えは正しい。そうかもしれない。けれども現実は理想どおりにはいかないのだよ」と言う人は多い。そしてたいがいの人は、従来どおりの大量生産大量消費、大企業に有利な為替相場の体制に目をつぶりながら日常生活を送っていると。そしてその惰性を破るために考えついたのが、アソシエーション型社会への経済改革である。

かれは問題にする。国民経済全体は衰退するが元気な地方がある。イギリスでは全国的に経済は衰退するとともにイングランド北部も衰退しているが、イタリヤ北部では工業が活気を呈している。イギリスではこの北部地域の振興のためにいろいろ政策を展開した。工場の分散移転も有力視された手段であった。だが企業分散に補助金をつけ、天下り的に単独の工場が移転しようとしてもうまくゆかないことが多い。企業が発展するには、地元で支える労働力、消費市場、出資者、下請け企業などなど、人の縁がものをいうのである。

ハーストはイタリア北部の活気をみて、アソシエーションこそが現実的であることを発見し、さらに確信をもってデヴィッド・フリードマンの著書にある坂城の工場グループをとりあげている。かれはそれ以外にも日本の豊田自動車などの成功企業に関心をもって調べているから、坂城を取り上げたのは偶然ではないのであるが、自身が坂城の現地探訪をしたかどうかはあきらかではない。

かれが日本の坂城について述べているのは、英国政府がとってきた地方再生政策の統制経済的手法のまずさを指摘するためである。その一節を紹介しよう。

「地方の経済活動を活発にするために取るべき方策には法律的に許認可を改正しまた支援政策を適正なものにすることがある。そのなかには次の政策も入れてもよい。

●奨励的税制によって資本提供者のネットワークをつくること――たとえば地域や産業の発展を支援するＮＰＯ銀行のような団体をつくる。仮に建築組合が投資減税によって市民の貯蓄を住宅融資に誘引できるとすると、同様のことが緊急の必要性のある産業クレディット銀行においてもできるはずである。

●技能研修、技術移転、集団的ボランティア活動などの推進のために、（地方政府の公式部門の主導で）主要地域で公的セクタと民間セクターの連携をつくり出すこと。

●工業投資の会社、とくに従業員一〇〇〇人未満の会社については、税の減免を優先的に行うこと。

●協同組合、労使提携企業、従業員持株会社（ＥＳＯＰ－Ｓ）のように、従業員が企業の株を所有し経営に参加する形態の企業にたいして政府が優遇施策を講じること。

●政府が企業の競争を激励し、企業合併を抑制し自立した企業が、できる限り組合仲間に下請け仕事を出すことを促進すること。（以下、これについてはさらに詳しく述べよう）。」

ハーストは衰退地域の再生には、企業のアソシエーションづくりが有効であるとして、その例を日本の坂城に求めるのである。かれの考えを続けて聞こう。

「上に述べた政策が実施されるまでには時間がかかる。しかし衰退国の産業は努力をかさねても再建は困難であって、企業は政府の命令や「ナショナル・プラン」で再建できるものではない。しかしアソシエーテイヴ（協同組合）的な中小企業セクターでは、それまで工業を再開できそうもなかったところで、地域補助金に頼らなくても、事業を拡大し始めることができる。地域振興にとられる促進策が、都合のよいマクロ経済論から外れていても、真っ当でさえあれば。……国際市場から撤退しないためにもローテクの低品質の製品を受け入れないためにも、そして競争力を持ち地域間で仕事を分け合うためにも、経済にたいする現地のもつ統治と基盤がいかに重要かがわかる。

経済のアソシエーション概念をもつには特定の領域を設定する必要はないしまた技術革新やニュー・テクノロジーへの投資を否定する必要もない。フーリドマンが検証したように、日本の坂城（SAKAKI）町では、小さい工業団地のいろいろな業種の工場が経済的に誠実な心を持って緊密に手を携えて医療検査機器などの製品を製作し国際市場に送り出している優れた例がある。そしてまた、アソシエーション・システムには多様な考えを包含する自由がある。たとえば環境保全の理由からあるいは宗教的理由から、国際貿易は高度の地域自治と自給自足性のあるコミュニティづくりにとってマイナスであるという人の考えかたを許容する。またその反対に、コミュニティづくりにとってアソシエーション的企業を推進する国の政策も利益があるので歓迎であると考える人たちも許容するのである」（一三一—一三三頁）。（引用文の最後のフレーズは坂城町とは直接関係がないが、このあと述べるハーストのアソシエーション論の検討に必要なので置いておく）。

ハーストが坂城をアソシエーション型経済の好例と考えた背景には、実は市民社会を基盤とする国づくりの構想がある。かれは国家が人間社会の上に君臨するものではなく、社会のなかに包含された機関であるためには、従来のコミュニティ論では不十分であると考えるからである。というのはコミュニティに二つのタイプがあるとかれは言う。

一つは「閉鎖的コミュニティ」（community of fate）である。その代表例は純粋の伝統的、土俗的共同体であるが、それだけには限らない。近代社会においても、階級主義のグループ、宗教宗派のグループ、トレード・ユニオン（労働組合）などがそのイデオロギーに染まる者だけでコミュニティを構成する場合がある。それは選択の自由が制限された閉鎖的なコミュニティである。

もうひとつは「選択の自由のあるコミュニティ」（community of choice）である。選択の自由あるいは選択の機会のあることが普遍的価値になっているコミュニテイである。そこでは選択の自由を維持するために公的規律が合意されている。そこでの人びとにはそれを判断するだけの合理的理性が育っている社会がある。そしてそのコミュニティでは個人の尊重と合理的判断に基づく自由な意思に基づく協同がおこなわれる。つまり「連帯」のあるコミュニティである。

ハーストの描く「選択の自由のあるコミュニティ」は、かれのいうアソシーエーションと表裏一体のものではなかろうか。坂城は選択の自由があってしかも協同と連帯が生きているコミュニティ、まさにかれの言うアソシエーションであったわけである。

最後にハーストは地域再生に貢献する企業の規模についての考えを念のため追記しておこう。かれは「スモール・イズ・ビューティフル」思想のように企業規模を小さく固定的に考えてはいなかった。大規模企業であってもよく、問題の本質は参加型民主主義によるアソシエーション的関係が形成されるかどうかである。

参考文献：Paul Hirst：Associative Democracy（1994）

（3）遼春（中国）の坂城の認識――日本の「協調型市場経済」モデルとの関連

次に経済成長の著しい中国の研究者、遼春氏（上海立信会計学院）が企業ガバナンス論からみた坂城の評価について述べよう。中国との比較で、日本企業の統治構造については、的確な指摘の部分もあり示唆に富むものがある。

彼女によれば、市場経済には二つのタイプがある。

一つは「自由市場経済」（Liberal Market Economies）で、これはアメリカ、イギリスに見られるように、大企業を頂点とする企業の自由競争が基軸となっている経済である。

他の一つはドイツと日本に見られるように、企業が各種の社会的ネットワークを組んで市場における自由企業活動を調整している「協調型市場経済」（Coordinated Market Economies）である。

彼女の見解では、中国の国営部門の企業や集団企業のガバナンスは「自由市場経済」に基づいているが、民営部門の企業の大部分はオーナー経営企業で、その割拠分散的企業セクターでは個人主義が強く、「自由市場経済」によるガバナンスも「協調型市場経済」のガバナンスも行われていないという。

遼氏の理論は企業のガバナンスの構造を形態的にパターンとして説明することが目的であって、そのパターンが形成される歴史過程の分析がない。私見では、中国に「協調型市場経済」すなわちハーストの言う「選択の自由のあるコミュニティ」(Community of choice)が未成熟であったのは、一九世紀後半から二〇世紀初期の日本が経過した歴史的マニュファクチュアの生産力段階(前節で述べた養蚕・製糸マニュファクチュアがその一例である)を経なかったからではないかと思われる。もちろん中国の明末清代にかけて地域によっては窯業などで民営マニュファクチュアが成立していたところもあったであろう。

しかし全体としては「天——歴代皇帝」の支配イデオロギーが、人民のなかでの「選択の自由のあるコミュニティ」の発展を妨げ、「宿命的コミュニティ」(Community of fate)におしとどめたのではなかろうか。「宿命的コミュニティ」のなかで、オーナー企業が生まれるときはアソシエーションを組織する条件はなく、個人主義による孤立分散型のガバナンスが支配的になるのは当然である。そして中国知識人は近代市民社会と帝政社会の間で苦悩することになる。（これについては、第4章の「浅田次郎の『蒼穹の昴』と梁啓超」を参考にしてほしい）。中国の民営企業部門が「調整型市場経済」を形成するには、日本が歴史的に一〇〇年間を経過したマニュファクチュア段階を短縮して、生産協同組合を組織すべきであろう。

さて、本題にもどると、彼女は「調整型市場経済」的ガバナンスの日本企業モデルとしていくつかの特徴をあげている。

①会社横断的な株式の持ち合いと連携した指導体制で強化された産業グループが形成されていること。

②生産者と下請け業者の間に長く安定した結びつきがあって産業クラスターをつくり補足しあう関係がある。

③日本企業は従業員の雇用を保障し、景気悪化のときは、従業員を解雇しないで、グループ内の他の企業に転職させる。

④日本企業には年功序列賃金体系があり、会社福祉制度、合意による政策づくり、会社への忠誠心、定期異動、職場の配置転換、内部研修制度がある。

⑤日本の学校はみんなが合意できる内容で運営される。日本の教育制度は実学や職業訓練

に役立っていない。社員については入社後、企業内部で特定技能研修を行って、職場移動を可能にしている。

⑥日本人はグループ企業の役割と自分の利益が積み重なるように社会化されている。

⑦人的資源は企業にとって一番大切な財産とみなされている。労働者は年功序列、終身雇用、社内研修によって昇進するので、日本では労働組合ではなく会社組合になっているのは一般的現象である。

⑧日本では、企業の資本形成は株式市場から資金募集するのではなく、銀行に依存するので、歴史的に株式市場が発達していない。このため日本ではベンチャー企業は発展するのがむつかしい。

⑨日本ではメーン・バンクと企業の関係また会社間の株式持ち合い、系列企業の構造があるため、経営が短期的な利益追求になりやすい。そにため企業は既存の製品の改良に熱心であるが、新規の製品開発に成功しない場合が多い。

⑩日本の大学は一般就職目的の教育が主であり、研究機関としては弱く、化学、バイオテクノロジー、その他基礎科学に依拠する産業分野では遅れをとっている。

以上が彼女の描く「調整型市場経済」モデルとしての日本の産業の特徴である。坂城はその地域的モデルとしてとりあげられている。日本産業社会の理解の架け橋となることを期待したのであるが、アソシエーションとコミュニティの観点から見ても、的を外しているように思われる。P・ハーストのいう「選択の自由のあるコミュニティ」が形成されていない中国社会に基づいた思考習慣からは、坂城の理解はむずかしいであろう。

参考文献：Chun Liao：The Governance Structure of Chinese Firms-Innovation, Competitiveness, and Growth in Dual Economy（2009）

第2章　モンドラゴン協同組合（ＭＣＣ）についての産業論からの検討

1　モンドラゴン協同組合のグローバル化

(1) モンドラゴン協同組合とは

モンドラゴン協同組合はスペイン・バスク地方の人口三万の小さな地方都市、モンドラゴンに本拠を置く協同組合のグループである。

二〇世紀の後半、協同組合とワーカーズ・コープ（労働者生産協同組合）を基盤とした組合員参加型の徹底民主主義による中小工場群、信用金庫、消費組合、共済組合、初等教育から大学までの教育・研修、研究開発機関のネットワークを形成し、それまでの世界の協同組合の常識を革新した。経営的にも良好な業績をあげ、理念と組織理論において、世界の協同組合をリードしている。モンドラゴンという町は小さいが、まさに世界都市である。

(2) グローバル化の過程

一九八〇年代後半、世界経済のグローバリゼーションが始まった。

モンドラゴン協同組合のファゴール（Fagor）グループ等が海外直接投資によって多国籍

企業化の道を選び、一九九一年、モンドラゴン協同組合全体として Mondragon Cooperative Corporation すなわちモンドラゴン協同会社ＭＣＣ（本社は協同組合、子会社は株式会社）と改称した。これは国際協同組合運動にとって画期的なテスト・ケースであった。

私は、これはグローバリゼーションにたいするモンドラゴンの過剰反応ないし「勇み足」と見ているのであるが、実はモンドラゴン自体の産業構造の弱さによるものと考えている。それは単にモンドラゴンだけの問題ではなく、本質的に協同組合一般の産業的企業としての弱さを露呈したものと考えられる。これをどう評価するかが問題である。

その後、二〇〇八年、リーマン・ショックが突発し、ヨーロッパ市場の不況のあふりを受け、ＭＣＣの基幹工場であるファゴール・グループの経営不振が表面化して倒産したのは二〇一三年一一月であった。その時、ファゴール・グループの売上額は年商一四〇億ユーロ（約三兆円）、負債は八・五億ユーロ（一一〇〇億円）であった。ファゴールは救済を労働人民金庫（預金二〇九億ユーロ）とモンドラゴン海外活動基金オローナ（Orona）（予算八〇万ユーロ）に申し入れたが、かれらの負担能力を超える巨額の負債のため救済は拒否され、倒産やむなしの結論になり、倒産が決定した。

そしてファゴール本社は二〇一四年七月にＣＡＴＡ（カタルーニャの企業）に四二五〇万

ユーロで買収され、本国の労働者の七〇％は再雇用（直接雇用七〇五人、間接雇用一二五〇人）されたが、海外の子会社の労働者は失業したのではないかと想像する。

労働者協同組合がMCCのような協同会社の企業形態をとって、多国籍企業化する条件については論ずべき理論的問題が多いが、これは別稿にゆずり、本稿では、産業論の観点からモンドラゴンの問題点を指摘したい。これはモンドラゴンMCCの批判を目的とするものではなく、「協同組合間協同の原則」を国際的に拡大する場合のありかたについての一石としたいためである。

（3）機械工業の偏重

世界最大の協同組合グループであるMCCは、基本的に三つの経済部門から構成されている。すなわち生産部門（工業協同組合一〇三、その子会社一二二）と消費部門エロスキー生協（バスク商圏の占有率七〇％）と金融部門の労働人民金庫（Caja Laboral Popular）と共済組合から構成されている。

ＭＣＣの総売上高一二五・七億ユーロ（一兆三八二七億円、二〇一三年、一ユーロ＝一一〇円）、純所得一・二五億ユーロ（一三七億円）の稼ぎ頭は生産部門の工業である。実はその総売上高の六九％は海外子会社で発生しているが、それは後にとり上げよう。

ＭＣＣの所得源である工業は、家電、家庭用品、機械部品、自動制御装置、ロボットなど耐久消費財や高級機械工業に特化している。それらの工業は発展した工業国のハイテク部門であって、労働集約的な高級部品の製造と組立てを得意とする分野である。その反面、ＭＣＣの工業は、巨額の投資を必要とする自動車、飛行機、鉄道、通信機器・施設や水処理、発電、環境設備などのインフラ分野を手掛けてはいない。

また特徴的なことは、化学系の新素材の生産部門や医薬品などの生化学系の生産分野が手薄なことである。また農林業とその加工部門が手薄である。その他、観光、医療、福祉などのサービス部門にはあまり展開がない。要するに機械工業に特化した産業構造である。

（4）水素燃料電池カーの走る時代

石油燃料はあと何年かで消費尽くされてしまう。またＣＯ$_2$の発生の難点がある。化石燃料に代わる持続可能な再生エネルギーとしての水素燃料は石油より熱効率がよい。そのため水素の燃料化が早くから期待されてきた。開発競争がはげしい中、水素燃料電池自動車が、二〇一五年に発売される見通しである。日本ではトヨタ、ホンダ、ニッサンも発売を予告している。

水素の電気エネルギーへの転換は、原理的には水の電気分解の逆である。プラス極（酸素極）とマイナス極（水素極）の電極板があって、固体高分子膜（電解質膜）の溝を通じてイオン化した水素と酸素を結合させて水と電気を造るのである。実用化には技術的にいくつもの方法があり、その性能をめぐって激しい競争が展開されてきたのである。将来は家庭用電気にもなり、また火力発電にも応用されるであろう。

私がモンドラゴンに期待したのは、このような地球的規模の環境問題に向き合う倫理的な工業技術開発に参加してほしかったことである。産業化するには、電池製造や水素の供給ステーションの設置など多額の費用がかかることは承知している。私はＭＣＣが水素自動車を製造することを勧めているのではない。電解質膜の開発費用は、人材を得れば、数億円の規模ですむのではなかろうか。世界に有用な科学技術の開発の一部に参加してほしいのである。

モンドラゴンが水素燃料化技術の開発の先陣を切っている話を聞かない。かれらが遅れをとったとすれば、機械工業に偏重していて、高分子系素材研究が手薄だったためではないだろうか。問題は開発費用にあるのではなく、関心と人材と研究蓄積にある。

これはモンドラゴンだけの問題ではなく、世界の協同組合全般の科学技術にたいする知識と関心の弱さを指摘すべきであろう。なによりも日本の協同組合の自戒が必要である。七色の虹の「世界協同組合年」は、人類のために何の貢献をしたであろうか。国際協同組合は水素の燃料化にかぎらず、世界の前進に役立つ研究開発にもっと関心を持つべきであろう。

2　発展の三段階

(1) モンドラゴン協同組合グループの三つの発展段階

モンドラゴン協同組合の発展を分析する場合、ホセ・マリア・アリスメンディ・アリエタ神父（一九一五－七六）がモンドラゴンに移住した一九四一年から始めるべきだが、協同組合の組織の発展を語るには、最初の労働者生産協同組合（以下ワーカズ・コープという）の前身、ウルゴール（一九五六年）の設立から始めるのが適当であろう。

モンドラゴン協同組合グループはそれから二〇一四年までの約六〇年間に、大別すると三つの発展段階すなわち創生期、国内発展期、多国籍企業期を経過している。

第一段階（一九五六－七四）――創生期

工業部門の就業者は五〇〇〇人（一九六八年）から一二〇〇〇人（一九七四年）、すなわち二・四倍増（第2－2図）、協同組合全体の総売り上げ金額は、一九六八年末の二四百万ユーロから一九七四年末に一六六百万ユーロすなわち約七倍増（第2－1図）になった。部門別の組織状況は以下のとおである。

①一九五六年、五人の若者が調理用石油ストーブを製作する作業場ウルゴールを立ち挙げた。ウルゴールの名称は五人の姓名の頭文字であった。翌年、増員とともに、部品製造工場ファゴール（Fagor）と改称してスタートした。

②一九五九年、労働人民金庫（Caja Laboral Popural）（以下金庫と略称する）が設立され、営業開始。

③一九六〇年、職業学校エスクエラ・プロフェショナル（Escuela Profesional）を開設。

④一九六八年、共済組合、ラグン－アロ（Lagun-Aro）、が労働人民金庫から分離独立して営業開始。

⑤一九六九年、消費協同組合エロスキー（Eroski）が従業員と利用者がともに組合員である消費組合として開設。

〔第 2-1 図〕モンドラゴン・グループの総売上金額

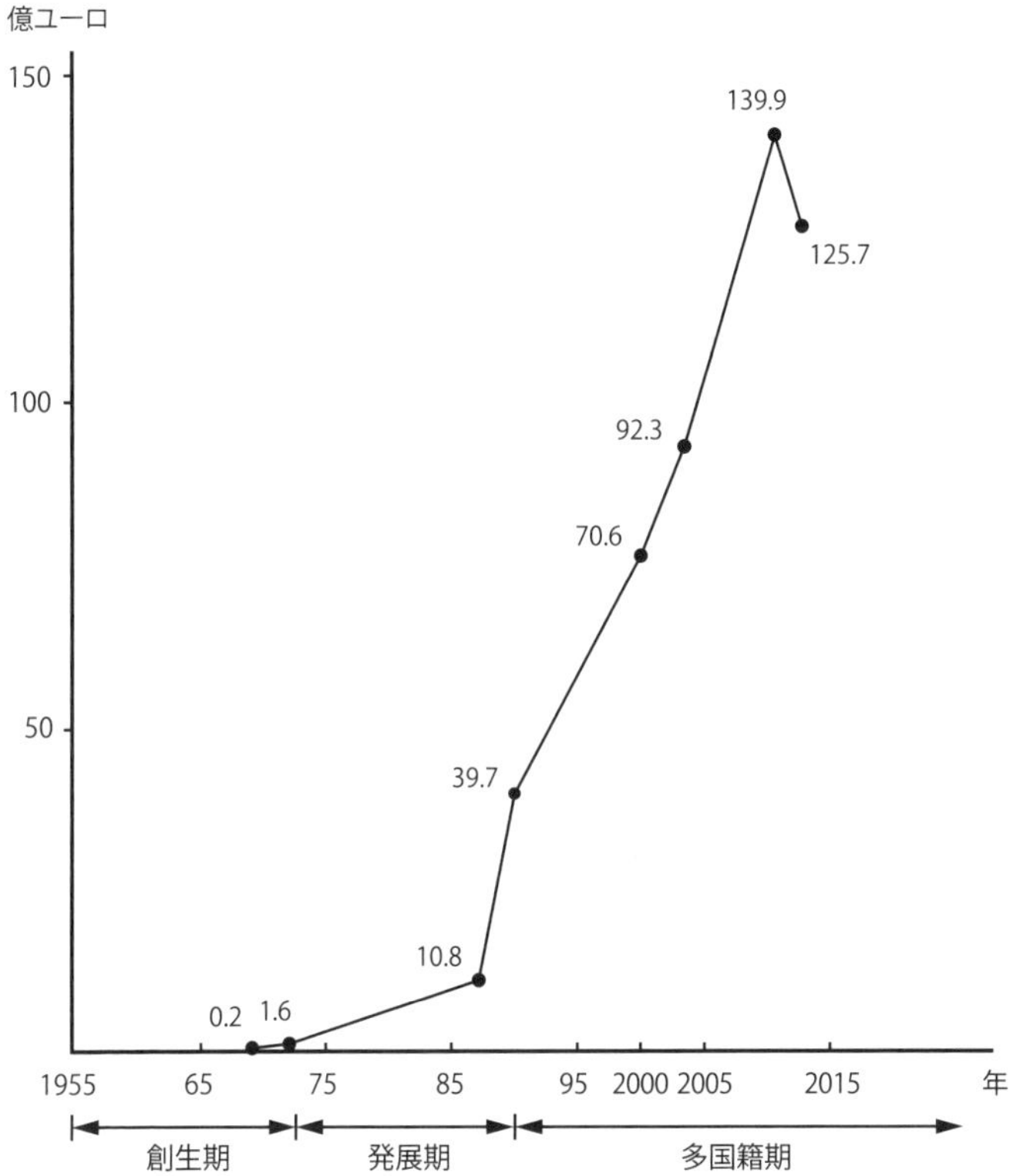

備考　モンドラゴン協同組合グループの Annual Report と
The Mondragon Cooperative Experience（1956-2012）により作成

〔第 2-2 図〕モンドラゴン工業部門従業者数

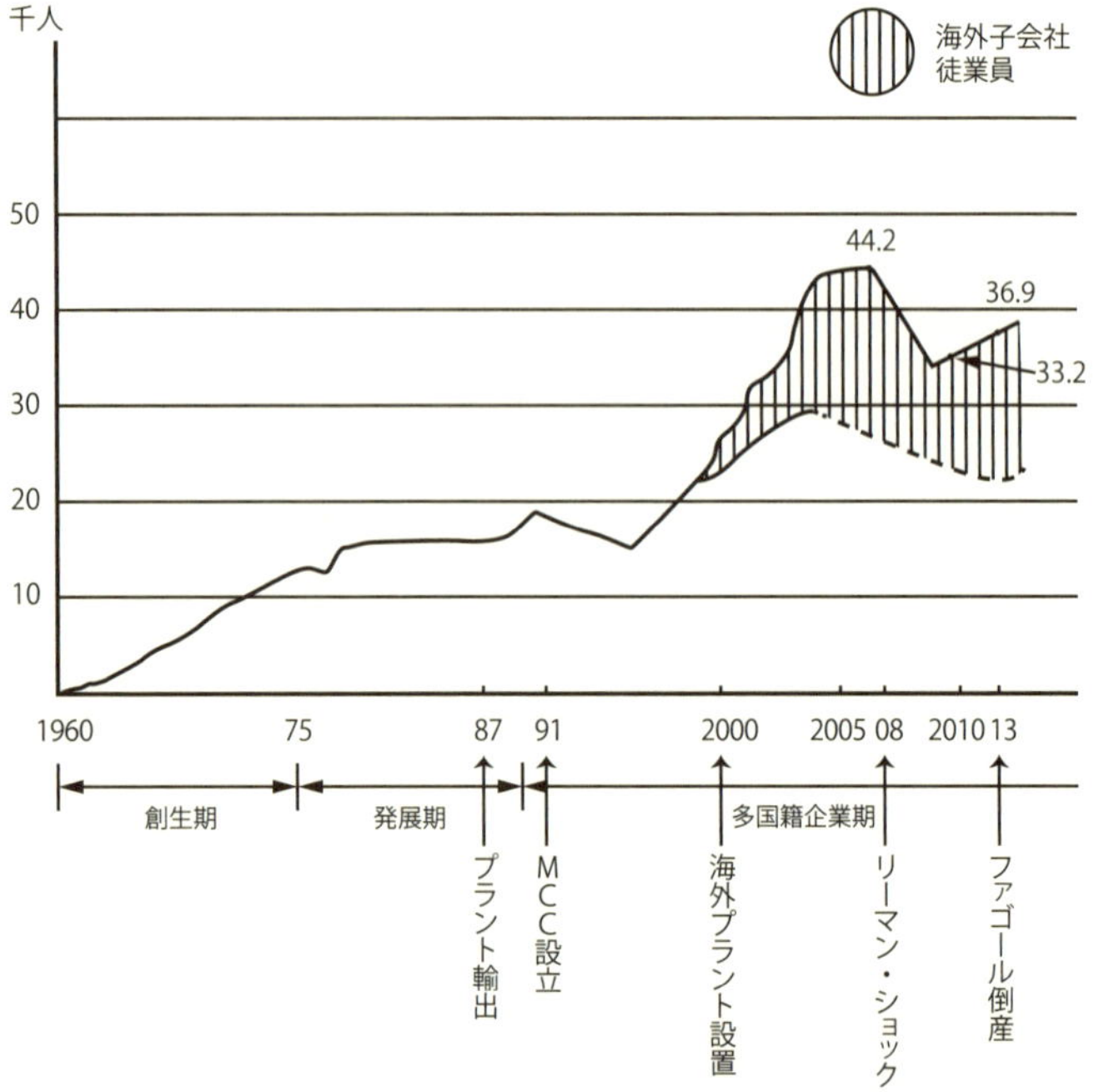

備考　Dr.Urko Lopez ほか（Mondragon Univercity）：Understanding Mondragon Globalization Process; strategies to asseme the global

モンドラゴン・グループではワーカーズ・コープ（workers' coop）が工業製品を生産販売し、営業資金の取り扱いと給与からの貯金を労働人民金庫が担当する。この金庫はワーカーズ・コープを支援するメーン・バンク的な取引金庫である。

また消費組合エロスキーの組合員は家計余裕金を金庫に預金する。その貯金はワーカーズ・

コープへの融資資金となる。W・Coop――共済組合の掛け金――労働金庫――消費協同組合――職業学校――研究開発機関――教育と文化基金――の一体的循環と結束がモンドラゴン協同組合グループの特徴と強みである。その仕掛けの整備されたのが第一期、創生期である。この精神的理論的支柱がドン・ホセ・マリア神父であった。

この創生期には、組合員の生活費が年率九・五%で高騰したが、賃金も年率一五・五%で上昇した。

第一期の完了を示す象徴は、一九七四年、労働人民金庫本部がモンドラゴンの丘に建設されたことであった。

第二段階（一九七五－九〇）――国内発展期

第二段階では、工業部門の就業者数は一万五〇〇〇人（一九七五年）から一万七五〇〇人（一九九〇）とほぼ高原状態が続いた（第2－2図）。協同組合全体の総売り上げ金額は、追跡できる年次の年末で見ると、一六六百万ユーロ（一九七二）から三九六六百万ユーロ（一九九〇）すなわち約二四倍に増加した（第2－1図）。

モンドラゴンは全般的に効率性を重んじるが、その中核はこの時期に躍進した工業部門である。ファゴール（洗濯機、冷蔵庫などの製造）は早くからベルト・コンベア・システムを導入して生産性をあげている。一九八三年、ヨーロッパに洗濯機を輸出し、輸出金額が総売り上げ金の二八％を占めた。

技術開発部門を担当する組織イケルラン（Ikerlan）のコンピューター技術とロボット開発が進展した。

モンドラゴンでは工業部門が発展しただけではなく、消費組合エロスキーも組合員が一〇万人に増え、一九八〇年にはバスク全世帯の一五％を占めるにいたる。八七年にかけて店舗をモンドラゴン以外のビルバオなどバスクの主要都市に展開した。

一九七六年に金庫の指導者アリスメンディアリエタ神父は昇天した。かれの死去はモンドラゴンの創生期の完了をしめすものであったが、一九八一年、金庫はバスク全域に一一四支店を設置し、預金三兆八千ユーロを持つまでになっていた。

一九八七年のファゴールの総会でスペイン国内の機械製造会社の買収が承認されたことは記憶して良い事件であった。問題は経済面での発展だけではなく。八七年ころには、モンドラゴン協同組合グループが総会で「基本的プリンシプル」を可決し、国際協同組合連帯基金の創設を承認するまでになった。そして、モンドラゴン・システムを政治的に「新社会主義」

と評価する論議も生まれた。社会面ではラグン－アロが一九八九年に女性の結婚許可条項を廃止したことは注目される。モンドラゴンの工場で働く労働者に女性がふえたのは、第二期の特徴である。

第三段階（一九九一－二〇一四）――多国籍企業期

モンドラゴン協同組合グループは、一九九一年の総会でモンドラゴン協同会社（ＭＣＣ）に移行することを決めた。

第三段階の特徴はグローバリゼーションに対応して、海外への生産プラントの輸出とサービス化が進み、海外企業の買収による子会社化とともに多国籍化が進んだことである。

一九九三年に経済市況が悪化し、二〇〇八年にはリーマン・ショックによる金融恐慌が世界に波及したが、モンドラゴン・グループ全体としては総売上額は宇宙衛星ロケットの打ちあげのような軌道を描いて急上昇を続けた（第２－１図）。その背景には、工業部門の生産プラントによる資本財の輸出を挙げることができる。さらに注目すべきことは、二一世紀に入って、バスクの人びとの生活上昇とともに消費協同組合エロスキーへの加入者が増加し、スペインの他の主要都市でハイパーマーケットとスパーマーケットを配置したことである。エロスキーは単に食料品や衣料などの消費財の購入だけではなく、スポーツ、旅行などのレジャーなどの需要への対応を拡げ、また自動車の普及とともに全国に石油ステーションを設置した。そのほかに共済組合ラグン－アロの加入者の増加がある。モンドラゴンは成熟期に入ったのである。

しかし、工業部門の労働力は二〇〇八年のリーマン・ショックの影響で住宅建設や家電製品部門が縮小し、ついに二〇一三年基幹工場ファゴールが倒産する事態となった（第2章付1参照）。このような情勢によって、モンドラゴン工業部門の雇用が二〇一二年をピークとして減少に転じた（第2－2図）。海外子会社においても雇用の調整が始まった。これがモンドラゴンの国際化路線にどのような構造的変化をもたらすかは予断をゆるさないが、国際化の基本的方向は変わらないであろう。

この第三段階は協同組合主義による社会変革を世界に普及する上で、新しい国際的方策の道を開く歴史的実験の時期でもある。その意義を評価するためには政治的分析の別稿が必要になるので、ここでは産業論に限定して節を新たにして述べる。

（2）個性的な多国籍企業

（ⅰ）モンドラゴンの選択

モンドラゴン協同組合は一九八〇年代に進行し始めたグローバリゼーションにたいして、最初のうちは海外進出を考えてはいなかった。むしろグロバリゼーションはモンドラゴンの自立就業を脅かすものとして警戒していた。モンドラゴン大学のホセ・マリ・ルザラガ・モナステリオ氏らの論文はこう述べている。

「予想に反して、ＭＣＣには国際化の第一段階では戦略的プランがなくまた協同組合のグローバル化についての議論もなかった。ＭＣＣの国際部長は「当地で事業ができれば海外に出なくてもよかったのだ」と言い、続けて「われわれはしなければならないことはしているよ。社会にとって一番悪いことは協同組合企業がなくなることだよ」と。」（注1）

（注1）Jose Mari Luzarraga Monasterio, Dr. Dionisio Aranzadi Telleria and Dr. Inazio Irizar Etxebarria :Understanding Mondragon Globalization Process: Local Job Creation Through Multi-localization

モンドラゴンでは先の第二段階で、ファゴールの家電製品をヨーロッパの他の国に輸出した経験があった。世界市場のグローバル化が進むなかで、バスク地域社会が生きてゆくには、世界市場の自由化の脅威を逆手にとって、製品輸出からさらに「資本輸出」に前進するほかないと積極的対応に転じた。海外の資本主義国で企業展開するには現実的方策として株式会社の設立も必要になるので、モンドラゴン・ホールディングとして「協同組合的株式会社」MCCという新奇な企業組織を創設した。

（ii）グローバリゼーションに対する企業戦略

グローバリゼーションとは経済、情報通信、文化、スポーツ、政治など多様な分野の国際化が地球的規模で進展する状況を指す言葉である。その基底にあって動いているのが国境を越えて拡大する貿易と資本移動である。とくに資本移動は保護貿易の手段である関税あるいは輸出入の数量制限などの貿易障壁を乗り越える手立てでもあるので、モノ、カネ、ヒトの国際的移動をいっそう促進する。

企業の生き残りを賭けた資本戦略には基本的に三つの選択肢がある。

①生産拠点の海外移転

②本国企業による海外企業の子会社化
③本国での産業転換ないし多角化

モンドラゴン協同組合はバスク地域社会の人びとがバスクで働き自立した生活を実現することを目的としている。その趣旨から言って、①生産拠点を海外に移すことは論外であった。②生産拠点を本国におき、海外に子会社を創立する道が選択された。③の道は産業としては本格的に取り組まれなかった。

これについてはモンドラゴン自体は製品改良を通じて環境保護などに貢献する努力をしているが、前にのべたように、機械産業以外の素材生産や生化学分野に基盤がないので、新期の産業転換はなかったように思う。後者の新分野は基礎科学の蓄積がなければできない。そうした内部検討については、いままでのところモンドラゴン自体の説明がない。

それはさておき、海外進出の第一号はコプレーシ・S・コープ（Copreci S.Coop）（一九六三創立）による一九八九年、メキシコ工場の建設である。これはモンドラゴンの洗濯機などのアメリカの顧客が、家庭用品の生産工場を誘致したものである。その後二〇〇六年に同じ誘致者が中国に子会社を開設した。そしてコプレーシ・S・コープは二〇〇六年末、組合員四七六人、雇用六九七人の海外進出企業となった。

海外進出を積極的にはたしたのはファゴールであった。それについては本章の「付1」でのべるので詳細は省略するが、ファゴール・グループは九つのワーカーズ・コープによって構成され、従業員二万二〇〇〇人の家電製品、厨房機器、オートメーション機器、部品の製造販売を担当し、年商三〇億ユーロを挙げている（二〇〇九年）。

ファゴールは子会社を探すにあたって、耐久消費材やエレベーターなどの電気設備を生産できる技術水準にあり、しかもそれらの商品市場を拡大できる国、たとえば新興国（ブラジル、ロシア、インド、中国）や東欧諸国（ポーランド、チェコ、ルーマニアなど）など中進国四〇カ国を対象とした。そのほか例外的にフランスやアメリカがあるが、それは新興国と共通性のある地方だからである。日本は最も競合する工業国であるので対象外である。中国がフランスについで多いのは注目すべきことである。

左にモンドラゴン工業ワーカーズ・コープ・グループが二〇一二年までに海外に設置した生産プラントの国別数を示す。

＊西欧（三九）――フランス（一七）、ポルトガル（五）ドイツ（五）、イギリス（四）、イ

タリア（三）、アイルランド（二）、オランア、ルクセンブルグ、ノルウェー（各一）
＊東欧・ロシア（一九）――チェッコ（八）、ポーランド（六）ルーマニア、スロバキア（各二）、ロシア（一）
＊アフリカ（二）――モロッコ（二）
＊北米（四）――アメリカ（四）
＊中南米（一六）――メキシコ（八）、ブラジル（五）、コロンビア（三）
＊アジア・太平洋（二六）――中国（一五）、インド（五）、トルコ（二）、タイ、ウェトナム、台湾、オーストラリア（各一）

ファゴールが海外で子会社をつくる方法には、一定のパターンが見てとれる。ファゴールと同様の製造部門で営業不振に陥っている企業の株を買収することから始まる。それが一般の資本主義会社の利益目的の買収と異なる点は、やがてモンドラゴンのようなワーカーズ・コープに転換することを願ってのことである。すくなくとも労働者持ち株を通じて労働者の経営参加を促進することである。アメリカ南部の鉄鋼労働組合が二〇〇六年、モンドラゴンとのコラボレーションの方針を打ち出したことでも、それがわかる。

事実、バスクのビスカヤ県にある株式会社ファブレックス（ファゴールと同様の厨房機器、冷蔵庫、洗濯機生産、従業員約二〇〇人、一九八八年に倒産）を、買収とともに株式会社から労働者生産協同組合に転換した。ちなみに倒産時のファブレックスの赤字額は四〇億ペセタ（二四百万ユーロ）であった。

モンドラゴンMCCは子会社がワーカーズ・コープに転換しなくても、労働者の経営参加が進むことを期待している。しかし買収後、株式会社からワーカーズ・コープへの転換は、従業員自身が決めることである。買収企業モンドラゴンが株式の過半数を買い占めて経営権を取得したからと言って、上からきめる事案ではない。

ファブレックス社と同時期に買収したナバラ県にあるルスリアガ社（鋳造圧延）の労働者は労働組合のままであることを選択した。（注1）

（注1）石塚秀雄「モンドラゴングループのグローバル化・子会社形成問題」による。

そのほかにオローナ（ORONA）グループ（一九六七年創立）は、エレベーター、エスカーレーター、歩く歩道のメーカーで、一九七〇年代以来九一年までにヨーロッパ諸国に製品の輸出と設置を続け、そのコンサルテーション、メーテナンスを通じて企業の社会的責任のテーマをモンドラゴン全体に提起した。

イリサール（Irizar）は一九九四年に新車センチュリを制作し英国で発売した。これはモンドラゴンの技術、資金、サービスの面で産業水準の成熟化を証明するものであった。二〇〇六年、ファゴール・グループはフランスの同業家電製造の大手企業のブラン（Brant）を買収し子会社化した。これは海外企業の買収で最大規模の事例であった。

(iii) 海外子会社化の問題点と結果の検証

海外の同部門企業を子会社化する戦略は、モノづくりの点で実直な道で一見リスクの少ないやさしい道のように見える。だが必ずしもそうではない。一般に言語や国民性、経済事情、賃金格差にからんだ企業ガバナンスの問題のむつかしさのほか、基本的に部品の品質管理の問題がある。さらに輸送の時間とコストの問題がある。

モンドラゴンの場合には協同組合独自の問題がその上にのしかかってくる。その前提条件になるのが、資金力の弱い協同組合にとって、子会社化するための買収資金の問題がある。買収資金は親企業が自己積立金をあてるか、社債を一般から募集する。そのほか労働人民金庫の融資とＭＣＣの基金からの拠出によることになる。

海外企業の買収には、モンドラゴンにとって――あるいは協同組合一般にとって――本質的に次の問題がある。

①海外に子会社をつくることによって、本国の親企業の従事者が減るのではないか。これは一般企業においても、本国の雇用の縮減ないし非正規雇用の増加などがしばしば見聞される現象である。

②海外の子会社が株式会社として雇用労働システムを維持のする場合、モンドラゴン協同組合の協同組合としての性格が変わり、資本主義企業化するのではないか。

これらの問題はワーカーズ・コープのアイデンティティにかかわる問題である。この二点にかんして、モンドラゴン大学のディニシーノ・アランサディ・テジェーリア（Dr. Dionisino Aranzadi Telleria）らは一九九六から二〇〇六年の期間のMCCの親企業と中国、インド、メキシコ、ブラジル、東欧の四〇にのぼる子会社の調査を行っている。その報告（注2）では、親企業が多国籍化の道を選んだ場合と国内企業にとどまっていた場合の比較をおこなって、かなり肯定的な結論がでている。その要約を紹介しよう。

〔第 2-1 表〕雇用（従事者）の増加率（%）（1996-2006）

	多国籍企業化した場合	国内企業にとどまる場合
親企業	28	14
バスク地域	52	28
計	141	21

〔第 2-2 表〕海外直接投資による雇用効果（%）

	多国籍企業化した場合	国内企業にとどまる場合
バスク地域	21	12
親企業	7.8	7.5

〔第 2-3 表〕組合員と従事者（%）

	多国籍化企業	親企業
従事比率（組合員の従事者数 / 組合員数）	84	75
組合員比率（組合員数 / 全従事者数）	38	67

①多国籍企業化したほうが、企業にとってもバスク地域にとっても、雇用（従事者）の増加の観点から見ると結果的に良かった。それを単に買収した場合と海外直接投資した場合について上の結果で検証している（表２－１、表２－２）。

②組合員数と従事者数との関係は、多国籍企業化した場合でも組合員の中の従事者は減らない。しかし全従事者のなかの組合員の率は低下する。これは海外子会社で従業員が自ら出資をして経営参加する組合員になるかの意思によるところである。（表２－３）

以上は一九九九年から二〇〇六年までの調査によるものである。この時期のモンドラゴンの従事比率の基準は八〇％、組合員比率八五％である。日本の場合、「中小企業等協同組合法」による企業組合の法的基準（二〇〇六年）では従事比率五〇％、組合員比率は三分の一である。モンドラゴンのほうがワーカーズ・コープの原則を厳密に守っているということができる。

（注2） Dr. Dionisio Aranzadi Telleria–Dr. Inazio Irizar Etxebarria; Understanding Mondoragon Globalization Process; Local job creation through multi–localization

3 モンドラゴンのグローバル経済危機の乗り切り方策

従業員所有企業のヨーロッパ第八回会議（二〇〇九年、ブリュッセル）では、二〇〇八年のリーマン・ショックによる世界金融恐慌にたいする対策が議題となった。モンドラゴン大学のウルコ・ロペス、イナチオ・イリサール、ＪＭ・ルサラガ博士の報告要旨を紹介しよう。

（1）リーマン・ショック（二〇〇八年九月八日）以前

モンドラゴン・グループが　経営困難な協同組合について講じてきた従来の対策は以下のとおりで、組合員の配置転換による再就職の保障以外では一般企業と大差がなかった。

①五八歳定年の前倒し
②非組合員雇用者の首切り
③出勤日の調整
④給与のカット
⑤組合員の他組合への移籍（短期—長期、五〇キロの範囲内）

(2) リーマン・ショック以後

基本姿勢が次のように改められた。

①危機にたいしては長期の視野で考える。従来行ってきたのと同じことを続けては危機を克服できない。
②調整は早い方がよい。

③好況期のやり方を打破すること。
④リーダーは周囲の人を勇気づける知的才能を発揮し、改善政策を大胆かつ厳密に行う。
⑤事業の復興ないし廃止の決定にあたっては、そのための社会経済コストを考えること。

モンドラゴンにも何らかの変化がおきようとしている。

4 イデオロギーとグローバリゼーション

前節はモンドラゴン協同組合の過去約七〇年にわたる発展の時代区分を明らかにし、第三段階のグローバル化の現状についてのべた。そしてグローバリゼーションに対応する方策として第三の道すなわち産業転換の道を示唆しておいた。この道は、不幸にも、モンドラゴン協同組合はその選択肢を考慮しなかった。それはなぜか？　第三の道はモンドラゴンのイデオロギーに矛盾するものかどうか、あるいは現実のシステムの変更をともなうから敬遠したのであろうか。

私見を述べれば、モンドラゴン協同組合グループは快進撃の背後にあるなにものかを見落としたように思う。それは自然との共生である。モンドラゴン協同組合の思想は西欧思想に基づく合理主義と効率性であるが、自然との共生という柔軟な東洋思想が加わればもっと深みが増したであろう。こうした思想的変革があれば、モンドラゴンは世界史に新しい頁を拓くことになろう。

（1）モンドラゴン協同組合のイデオロギー

海外進出は創始者ドン・ホセ・マリア・アリスメンディーアリエタの在世中にはなかったが、考えてみれば、かれの思想の世界的普遍性のなかに、海外に進出しても矛盾しない文脈が伏在していたと思われる。モンドラゴンの指導者であったヘスース・ラランニァガ（一九二六－二〇〇四）は青年期に師の薫陶を受けてファゴールを創立し、その後もモンドラゴンの思想と事業の展開に中心的役割を果たした。かれは師についてこういっている。

「ドン・ホセ・マリアの思想の核心をなすものは「人間の共同体」（la comunidad humana）であって、その規模は個人の共同生活と個性の実現が人間的次元で両立できることを限度とするグループである」（注1）。

（注1）Jesus Larranaga; Buscand un camino 一一六頁

そしてラランニァガによれば、アリスメンディーアリエタは、エンゲルスが起草したと思われる『共産党宣言』のなかで空想的として排撃したロバート・オーエン、フーリエ、サン・シモンらの「ユートピア社会主義者」の夢を現実のものに実現しようとしたのだという。「ユートピア社会主義者」の時代には、彼らの生産力の段階では、かれらの試みは失敗に終わらざるを得なかったが、社会の発展段階が熟すれば実現の可能性はある。その方法を編み出したのがドン・ホセ・マリアであると。

かれはその方法において、協同組合を経済的企業として考察するのではなく、社会経済的企業として把握し、人間とくに人間の労働と資本の複雑な結合体としての組織と運営の原則を編み出した。

たとえば現在の協同組合原則では第一項「自由加入の原則」としているところを、モンドラゴン初期の言葉について直訳すれば、「資本と労働の取り換えがたい役割によって、労働のコミュニティに人間を統合する原理」となっている。これほど人間と労働にこだわっているのである。

モンドラゴン協同組合は資本を組合員労働の結集による財産とみて、資本をつくる労働の貢献に対する評価を怠らない。それは定款第六条にこう述べられている。「資本とは労働の余剰価値の蓄積による財産である。資本とは現在の活動を生みだす社会的財産であって、耐忍生活によって提供された資本には補償をうける資格がある」。そして労働と資本の関係を規定するのが、協同組合原則であるが、そのなかの重要な項目の一つは、企業としての剰余金の配分である。

剰余金の配分については、前述の資本概念によって、労働者の出資金と内部留保金と地域社会などへの報恩のための社会基金がある。労働参加への返礼の意味をこめた剰余金の配分率（Indice de retorno, IR）は、次の算式できめる。そののちに、現在の労働に対する配分が決められるのである。

剰余金配分率（ＩＲ）＝当期剰余金／（給与総額＋出資金利息）＋（内部留保金＋社会基金）

上の算式のうち、それぞれの組合の状況によって、内部留保はたとえば二五％、社会基金

〔第 2-3 図〕モンドラゴン協同組合グループの理念的構造図

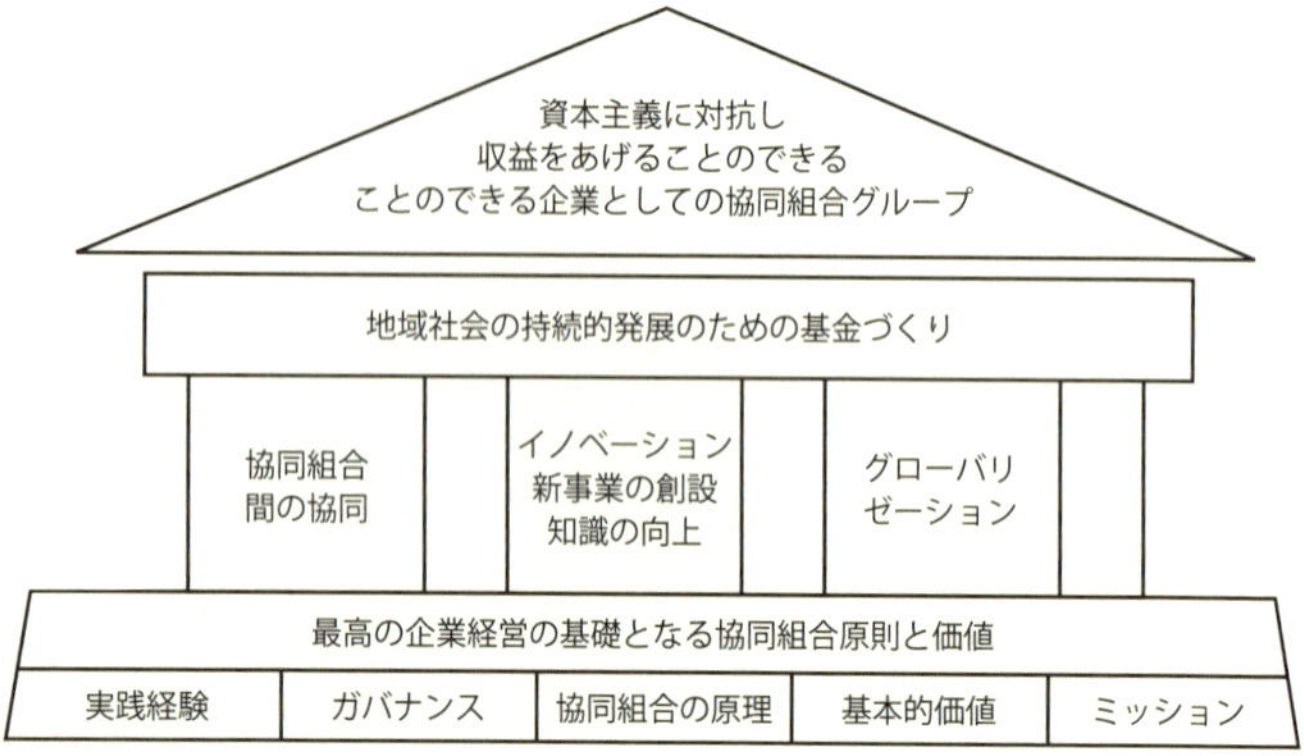

備考　MISION, VISION, VALORES による

は一〇%、出資金利息六%など決められる。そして1–IRによって労働報酬への配分率が決まる。

(2) モンドラゴンMCCの海外進出戦略

モンドラゴン協同組合が人間共同体の理念を持続可能な協同企業として模型化したのが次の図である。

それによると、組織基盤をなすのが「最高の企業経営の基盤となる協同組合原則と価値」である。「最高」とは資本企業の経営方式よりも優れているという意味である。それはモンドラゴンの「協同組合運動の経験」、「組織運営の様式（ガバナンス）」、「協同組合の原理」、「基本的価値」、「ミッション（使命観）」に基づくものである。

　この土台のうえに立つのが次の三本柱である。それは企業組織として、「イノベーション（技術改革）」、「新事業の創設」、「知識の向上」を中央の柱にして、その両側に「協同組合間の協同」と「グローバリゼーション」が二本の柱になっている。すなわち「グローバリゼーショ」と「協同組合間協同」と並立して推進することを意味し、海外に子会社を設けても、子会社は上からの強制によって協同組合に転換するのではなく、労働者が協同組合原則を理解して自分の意思で組合員になる道が取られる。

　そしてその企業の組合員（株主）で自ら仕事に従事する者の比率である従事比率、また総従事者のなかの組合員の比率である組合員比率はたとえば八〇～九〇％になるように自主的に定款で定め、働く者が経営の当事者になる体制をとるのである。このようにして協同組合を国境を越えて普及してゆくのがモンドラゴンのグローバル戦略である。

　また協同組合は単独で存立しているのではない。その基盤である地域社会の健全な発展なしには協同組合も発展しない。協同組合の基礎である地域社会すなわち「人間共同体」としてのコミュニティと共存することを原則している。協同組合は地域社会の維持発展に貢献するために必要なことはすべて協力するが、そのひとつの方法として剰余金の中から基金を造成する。
モンドラゴンの家の屋根には輝かしい「人間共同体」の旗が風に靡いている。その旗には「資本主義に対抗して収益をあげることのできる企業としての協同組合グループ」と大書されている。（第2－3図）
この模式図の土台にある要素としての「協同組合原則」、「価値」、「ミッション（使命）」を、その資料にある説明によって付記しておこう。

①モンドラゴンの協同組合原則（Las Principios de la Experiencia Cooperativa Mondragon）（一九八七年）
1　自由加入（Libre adhesion）
2　民主的組織（Organizacion democratica）
3　労働の主権（Soberania del trabajo）
4　道具としての資本の従属的性格（Caraccter instrumental y subodinado del capital）
5　運営への参加（Participacion en la gestion）
6　報いのある連帯（Solidaridad retributive）

7　協同組合間協力（La intercooperacion externa）
8　社会変革（transformacion social）
9　普遍性（Caracter universal）
10　教育（Educacion）

②価値

●協同：協同組合のオーナーとなって力をあわせる。
●参加：経営に責任をもつ。
●社会的責任：社会連帯の精神に基づき富を地域に還元する。
●革新：向上心をもって絶えず更新してゆく。

③ミッション（使命）

モンドラゴンは自主独立の協同組合の集合である。それはバスク文化を基礎とし、人間による人間のための社会的経済企業であり、協同組合の経験に基づく基本原則を指針とする。企業としての発展とくに雇用の確保を優先する協同組合づくりのために、環境の保全、競争力の向上、顧客へのサービスに努め、豊かな社会づくりを推進する。

このため強固な連帯の精神を基礎とし、組織の運営にあたっては、以下の民主的方法を採用する。

●企業の経営、収益の配分、企業の所有を通じて、働く者の参加と関与を高める。

●人間の技能を発展させることを通じて、イノベーションを推進する。

●リーダーとなる人物の育成と協同事業の振興のためのモンドラゴン固有の方式を実践する。

④ビジョン

われわれが目標とするところは以下の点にある。

●協同組合主義にアイデンティティをもつ人間となり、地球的規模の有益で競争力のある進取の気性に富む企業グループを形成すること。

●経験、知識、技術革新、協同組合間協同、戦略的同盟に基づく総合的解決策を提供する人材の育成。

●付加価値を活用して持続可能な社会の発展に貢献する基金を創造すること。

5　環境産業クラスターの形成の可能性

（1）伝統農業の変化

バスク自治州は面積七三〇〇㎢、人口二二〇万人、人口密度三〇〇人／㎢である。日本で言うと山形県（面積七三九四㎢）に二倍の人口が住む状態を想像すればよい。国土の約七〇％は中山間地と盆地の低地であり、そこでは農牧業が営まれている。山林はフランス国境に近い山地に分布し、国土の約二七％を占めている。近年、バスク自治州では先進工業国と同様に経済成長とは逆に農林漁業が後退し、環境保全が問題となっている。

ここで農村部におきている変化について簡単に説明しておこう。バスクの農家は大半が五～三〇ヘクタールの小規模農家で、穀物、野菜などの栽培と羊、乳牛、肉牛などの飼育を混合した農牧畜経営を行っている。降雨量は八〇〇－一五〇〇㎜あるから夏季放牧のための牧草は育つのだが、山間傾斜地が多いため機械化がむずかしい。そのため、労働力不足が続き、二〇〇八年から二〇一三年の五年間に四・三％の農家が廃業し農地の放棄も進み始めた。専業農家は全農家の三％しかない。企業的農牧場の規模が大きくなり、家畜の頭数は増えるのだが、耕作農地の縮小と化学肥料の多用がとまらない。農山村コミュニティの伝統的な生活文化と緑地保全をめざすという意味のエコミュニティという言葉が用いられるようになっている。

モンドラゴン協同組合の精神的基盤はバスク農村集落にあるのであるが、伝統的コミュニティは変容しつつある。中山間農村の業態はファーマーズ・マーケットでの有機野菜の直売や農家レストラン、民宿、農業体験などの都市からのエコツーリズムを目的とした観光農業にかわりつつある。

(2) 環境パーフォーマンス指標(Environmental Performance Index, EPI)からみたバスク

環境パーフォーマンス指標とは、世界各国の政府や民間事業者による環境政策のパーフォーマンスや持続可能性をいろいろな項目から分析して数値化し、国別にランクづけした指標である(注1)。二年ごとに測定・検証され、環境への配慮が高い国の順に並べて発表されている。

(注1) 環境パーフォーマンス指標は二〇〇〇年に国連で採択された「ミレニアム開発目標」にある「環境の持続可能性の確保」を測定・検証する目的で二〇〇二年に発表された。国別ランキングはエー

ル大学環境政策センターとコロンビヤ大学国際地球科学情報センターが作成したものである。

その評価は「環境衛生」と「生態系の活力」の二大分野にわけておこなわれる。「環境衛生」は人体に影響する観点から「大気」、「水」を指標とし、「生態系の活力」については「水資源」、「生物多様性と生息地」、「農業」、「森林」、「水産業」、「気候変動とエネルギー」を採用している。各項目のなかで何を指標としてパーフォーマンスを評価するかがかわるので、この数値化には問題がある。

それを別問題とすると、「農業」の場合は農業補助金と農薬規制が重視されているようである。農業補助金の支出対象を生態系の活性化にいかに使用しているか、荒廃地をなくするためにいかに支出しているかなどである。（ちなみに第２－２表では、日本の「農業」は世界一一〇位という低位にランクされている。それは水田の減反政策が影響していると思われる。二〇一四年の日本のランクは、「農業」の点数の低さが全体の評価点数を下げ、世界の二六位になった）。

農薬規制は生態系保全の点で説明するまでもないであろう。「森林」では森林の国土カバー率や伐採跡地の再植林などが評価される。「水資源」では家庭や工場からの廃水処理による

〔第 2-4 表〕環境パーフォーマンス指標（2012）

環境政策	ヨーロッパ全体の成果（平均）	スペイン	フランス	バスク	日本（2014）（参考）
大気	52.7	33.6	54.9	58.1	84.7
水資源	32.1	5.7	30.7	30.6	71.26
生物多様性と棲息	78.1	74.2	80.8	93.5	73.53
農業	43.5	20.8	52.4	48.0	46.48
森林	81.4	84.7	85.4	93.9	55.41
漁業	18.4	19.0	32.2	18.9	25.34
気候変動とエネルギ	37.8	39.8	44.6	35.4	43.54
計	52.3	43.7	56.2	56.7	

備考　エール大学資料

水系への負荷が指数化される。「大気」も同様である。

ＥＰＩ（二〇一二年）によるとバスクは第2－4表のようになる。

バスクを環境パーフォーマンス指標でみると、五〇点以下は「水資源」、「農業」、「漁業」、「気候変動とエネルギー」である。バスクは国別の世界ランキングではいつも上位にある。しかし環境保全に熱心であるのは政府であって、モンドラゴン協同組合はじめ他の民間組織ではない。環境保全は行政だけでは限界がある。排出源である民間事業者や住民の参加が重要である。バスクの「農業」などの弱点はモンドラゴン協同組合が農業、漁業を組織できていないことを物語っている。

〔第 2-5 図〕バスクの潜在的土壌汚染マップ

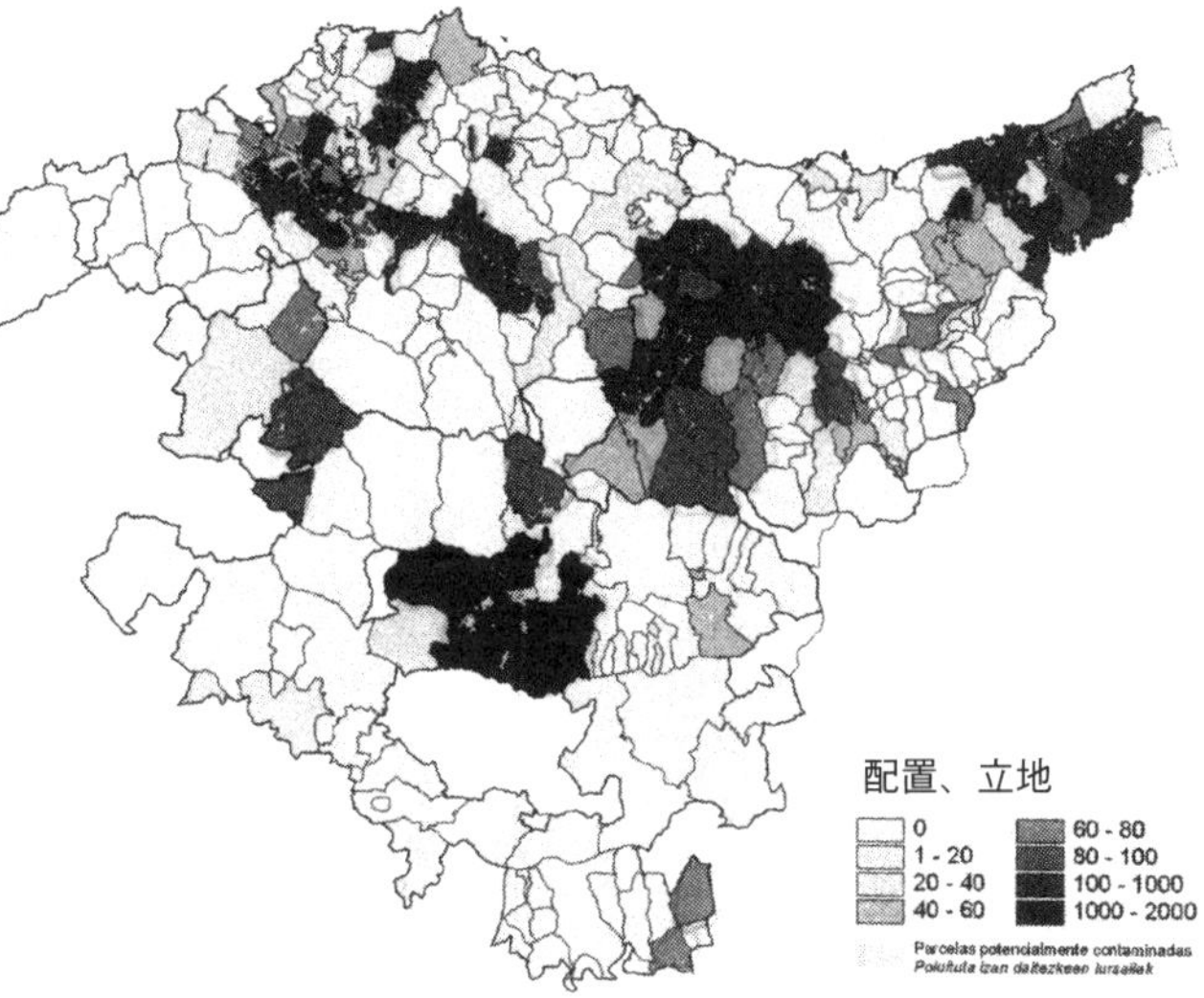

備考　環境公社、ihobe 資料による

（3）土壌汚染の除去

バスクには工業廃棄物や錫、鉛などの重金属による潜在的な土壌汚染地帯がある（第２－５図）。環境省や自治体はその地区の調査と除去を都市計画によって進めようとしている。土壌汚染の除去には、汚染土壌の剥離、処理、保管、再生、跡地利用の作業を伴うので、都市と農村の協同作業が必要になる。現在、環境公社 ihobe がその調査と技術開発にあたっている。モンドラゴンＭＣＣグループは自然改良を技術的に支援することができないであろうか。

（4）環境産業クラスター

環境保全というコミュニティの住民参加を必要とする課題に対応するには、ワーカーズ・コープのアソシエーション的協同組合原則による企業組織では対応できないことは明らかである。エロスキーの消費組合も有効ではあるが、農業分野に直接的にかかわることができない。ＭＣＣによる親企業と子会社の関係でも不十分である。協同組合間協同によって提携できるのは、モンドラゴン以外に農業・林業・漁業・その他の事業協同組合やＮＰＯがある場合にかぎられる。

環境保全の事業に取り組むには、コミュニティと協同組合を軸として、ＮＰＯや株式会社などの各種の法人がそれぞれの知識と特技と資金を出し合って長期の計画と同時に利益が上がる対策を講じなければならない。これが持続可能な政策と言うものであって、その実現にはバスク全体の環境産業のクラスター（ブドウ状の集団）の形成に導くであろう（クラスターについては拙著『都市に村をつくる』第6章「廃棄物処理・コミュニティ農業・田園都市」を参照）。

モンドラゴン協同組合グループにかぎって言えば、従来の機械工業系思考にとらわれずに生命系の思考を広く導入する必要がある。これは既成のモンドラゴンの思想体系に柔軟な有機的思考を促すものとなろう。

付1　ファゴール家電系列企業が倒産から再建する道

（1）倒産の原因

モンドラゴン協同組合は、一九八六年のヨーロッパ経済共同体へのスペインの加入以降、外国企業との併合に備えて、一九九一年、モンドラゴン協同組合企業（Mondragon Cooperatives Corporation ― MCC）という名称を用いるようになった。しかし協同組合原則に基づくアソシエーションであることに変わりがない。二〇一二年現在、協同組合と会社数は二八九、従事者は八万余人をかぞえる。売上高は一四〇億ユーロで、EUのなかで第五位の規模の複合協同組合である。

MCCは金融、工業、小売、知識（科学技術の革新にかんする研究開発と研修）の四つの分野からなっている。そのうち工業分野は、消費財、資本財、工業用部品、建設、事業サービスの五部門に分かれている。

ファゴールはそれぞれの部門で次のように本社と子会社を設立している。ここではファゴール・エレクトロドメスティコスを代表的に例示し、他は簡略的に表示しよう。

企業名	立地国	製品の種類
①ファゴール・エレクトロドメスティコス（本社）	バスク	冷蔵庫、洗濯機、皿洗い機冷暖機、家電製品など
●エコスアール	バスク	廃油処理
●エクストラ・エレクトロメナジァ	モロッコ	家電製品
●ブラント	フランス	家電製品
●ファゴール・マスターロック	ポーランド	
●ゲイサー・ガステク	バスク	給油機
●グラマール	バスク	家電機部品
●プロジェク	バスク	都市設備の設計と製造
●上海ミンドメストリコス・クックウエア	中国	家庭用品
②ファゴール・エレクトロニ（本社）	バスク	テレビと自動器具、無線通信器機

●子会社2　バスク、タイ　Wi-Fiネット、半導体加工
③ファゴール・インダストリアル（本社）バスク　ホテルやレストランの総合設備
●子会社7　スペイン、イタリア、ポーランド、メキシコ　営業用調理室の設備
④ファゴール・アラサーテ（本社）　バスク　圧搾システムの設計と製造
●子会社4　バスク、中国、ドイツ　同右関連
⑤ファゴール・オートメシヨン（本社）　バスク　数値制御システム
●子会社3　バスク、中国　同右関連
⑥ファゴール・エデルラン（本社）　バスク　自動車のシャシー、ナックル、ブレーキ、その他部品
●子会社　バスク、ブラジル、スロバキヤ　同右関連

ファゴール以外のワーカーズ・コープ・グループも二〇〇三年以降、海外へ直接投資、合

弁、買収によって進出した。その結果、売上高は成長した。その内訳は国内が約四〇%、海外が六〇%の比率となり、スペイン国内生産の低迷を海外の稼ぎで補う傾向が出てきた。国内生産の低迷は上記のファゴール・エレクトロドメスティコス（本社）の白物家電製品の国内販売の不振に原因がある。

(2) 中長期的課題

ファゴール・エレクトロデメスティコスが再建するには、次の課題に取り組む必要がある。

①中期的には家電部門はEUでは過剰になりつつあるから縮小し、失業する従事組合員をモンドラゴンの他の部門に移転して就労の機会を回復することである。再就労の規定があるので、その適用はすでにはじまっている。

②海外子会社は他に売却し、再就労の機会を待つことになろう。

③労働者生産協同組合のみならず、協同組合が海外に進出するのは、ディーセント・ワーク（人間としての尊厳のある働き方）の普及のためであって、利益の拡大のためではないことを再確認する必要がある。

④ファゴールの家電製品はEUおよび新興国（BRISC）はじめ産油国で形成された中産階級の需要を対象にしてきた。それは二〇世紀後半期の世界の経済情勢に適合したので成功した。しかし二一世紀には、新興国ではそれらの家電製品を自国生産する傾向がつよまるであろう。世界の先進大国の資本主義はその傾向を見越して、新たな市場を途上国の環境。保健・医療を含めたインフラ投資と貧困ビジネスをセットにした経済戦略を練っている。それが成功するかどうかはコミュニティとその企業体制の再整備にかかっている。モンドラゴン（ＭＣＣ）は長期的にこの課題を検討しなければならないであろう。

付2　倒産ファゴール・グループの再稼働
――多国籍企業CATA（カタルーニャ自治州）が買収――

二〇一三年一一月に倒産したファゴールは、CATA社（スペイン・カタルーニャ自治州のトレジョ町――カタルーニャの中央にある都市Vichに近い――）がアルジェリアの食品メーカー、Cevitalとの入札にせり勝って、二〇一四年七月に四二五〇万ユーロで買収することが決定した。これでファゴールの労働者七〇五人の直接雇用と一二五〇人の間接雇用のほかブランド名が保障されることになった。

CATA社は一九四七年創立した家庭用品メーカーで、一九九五年から電子レンジ、オーブンなどの調理器具の製造をはじめていた。カタルーニャとバスクの双方に本部を置くことになったのは、ファゴールの新製品開発力をスペイン国内に保持していくためと言う。

第3章　協同社会が考える労働運動のかたち

1　人間として尊厳のある働き方を基本とする社会

（1）成熟社会の転換点

成熟社会になった日本は、経済成長の停滞と高齢者の増加、少子化の傾向という三重苦の解決が焦眉の急務になっている。しかもこれらの問題は二律背反の関係にあるものが多く、デッドロックに乗り上げた状態になっているものが多い。

●国内の生産コストをさげるために従業員のリストラをすすめて生産拠点を海外に移転すると、ものづくりの力が低下しまた国内の需要が縮減して経済成長が維持できなくなる。

●若者のニートやフリーターが巷にあふれているのに、労働力の必要な場所が人手不足に苦しんでいる。

●会社の正社員数を抑制し外注や非正規雇用をふやすと、同じような問題がでてくる。

●主婦のパート収入一〇三万円の配偶者控除の壁を撤廃しても、専業主婦の労働力化が進むとはかぎらない。

●労働収入がないことを条件に生活保護をあつくすれば、労働する者にたいする最低賃金との矛盾がおきる。

●社会保障費にあてるために消費税をひきあげれば、庶民の消費支出が縮小し税収が増えない。

どうして今日の深刻な事態になるまでずるずると来てしまったのか。私見であるが、それは、戦後の日本では、労働の基本的な哲学が、どの政党によっても行政庁によっても正面から考察されなかったことによっている。また世の学問・研究やジャーナリズムに従事する者、とくに労働運動に従事する者の側から人間にとって労働の哲学が提唱されることがなかった。

(2) 企業別組合の改革

二〇一四年、日本の労働組合の組織率は約一七％に低下した。「正社員」が労働組合加入の条件となっている企業別組合では、パート労働、非正規雇用、派遣社員が増える時代には当然のことである。企業別組合を基礎としてナショナル・ユニオンを形成した労働運動の時代は終わったのである。かわって求められるのは、一人一人が自分の職業・職種に誇りをもって自立し、一人ではできない仕事は連帯して推進する労働組織である。それは労働を基本とする協同社会の原点に帰るということでもある。

(i) 憲法第二二条(職業選択の自由)と第二七条(すべての国民の勤労の権利と義務)の規定を矮小化した法制

拙著『日本型ワーカーズ・コープの社会史――働くことの意味と組織の視点』(緑風出版、二〇〇七)第7章を簡略に再説しよう。

日本国憲法(昭和二一年一一月三日公布)の第二七条第一項は、「すべての国民は、勤労の権利を有し、義務を負う」ことを明確に述べている。これはマッカーサー憲法草案にもなかったもので、フランス、イタリアとソ連憲法にだけ見られるすばらしい規定である。だれが挿入したかは謎である。

その詮索はさておき、国民すべてに保障されたこの労働そのものの概念は、憲法自体には付言されることはなく、第二項で「賃金、就業時間、休息、その他の勤労条件にかんする基準は、法律でこれを定める」。第三項で「児童はこれを酷使してはならない」とあるだけである。

その後、その勤労条件を法律で定めたのは、「労働基準法」（昭和二二年四月七日）である。第二条で「労働条件は労働者と使用者が対等の立場において決定すべきものである」とのべている。ここで注目すべきことは、「労働基準法」が前提としているのは雇用労働という限定した範囲であった。そのため雇用労働に対応する「労働組合法」（昭和二四年六月一一日）を急いで制定したが、雇用されないで働くワーカーズ・コープへの言及はなかった。わずか、自営労働の労働条件に関心を示したのは、二〇年後の「家内労働法」（昭和四五年五月一六日）である。これらの労働法制でわかるとおり、公式に「労働者」と認められる者は「雇用労働者」のことである。大切なことは、労働は雇用労働と同一され、人間にとっての本源的な労働の哲学が思考のそとに置かれたことである。

これと関連して、憲法第二二条（居住・移転及び職業選択の自由、外国移住及び国籍離脱の自由）について考えよう。同法は第一項で、「何人も、公共の福祉に反しない限り、居住、移転及び職業選択の自由を有する」とのべている。現代の人間が社会的な労働を行うのは「職業」によってであり、そのために「職業」は強制によって決定されるのではなく、選択の自由によって決定されるのは当然である。

しかし憲法第二二条の「職業選択の自由」の規定を受けて立つ「教育基本法」（昭和二二

年三月三一日）には職業教育の項目はなかった。同時に制定された「学校教育法」（昭和二二年三月三一日）には高等専門学校の規定のなかに、「職業に必要な能力の育成」があるだけである。それも職業訓練の規定がない。要するに文部省の国民教育の概念には一般教育と大学の研究の理念と制度があるだけで、本格的な職業教育・訓練の意思がないのである。

そのため労働法制のなかで、「職業能力開発促進法」（昭和四四年七月一八日）が制定された。しかし開発の主体は関係事業主であって、雇用労働者を対象としたものである点に注意が必要である。

（ii）わけあり労働法制の背景とその結果

ソール・アリンスキーが言うように、物事には二面がある。その一つが敗戦前の日本庶民の労働観である。古い意識の日本人にとって労働とは家業としての労働であり、またムラ社会の共同労働であった。

たしかに家業継承的労働と共同体労働は、アメリカ社会からみれば前近代的労働ではあるが、他面、労働の価値に差別がなく相互扶助的な基準をもっていたことは評価されなければならない。アメリカ占領軍政は日本の徒弟制度を従属的家事労働としてみなしたが、未熟者が一人前の職人となる職業訓練の一過程ともみることができる。

しかし敗戦直後の日本の政治家と学者たちは、日本の伝統的労働の二面性を見失い、正当に評価できなかった。あるいは近代主義に迎合して、労働の根底にある社会的関係性を飛び越して、会社資本家に雇用されて働くのが近代的労働であるという観念を創りだしてしまった。これが会社資本に基づく労働観が支配的になった理由である。

その結果、労働者の家族形態では、サラリーマンの「主人」労働に依存する核家族と扶養される「専業主婦」の概念を創作してしまった。また会社では「正社員」とその正社員を資格とする労働組合、その反対に派遣社員・非正規雇用者は組合員ではないという関係を創り出した。そして、会社が新規の未熟練社員の技能研修と能力開発を行い、年功序列と定期昇給制、定年までの生涯雇用という日本的な企業別労働組合を創出した。

しかし日本型雇用形態と企業別労働組合は、一九九〇年代に存続できなくなった。これにかわる企業と労働組合の形態がどうなるかが問題である。

2　成熟社会の労働の未来

第二次大戦後の日本経済と社会は三つの段階を経過した。

(1) 三つの時期

時期	経済状況	社会の特徴
第一期（一九四五〜七〇年代）	経済復興と高度成長期	活力ある希望社会
第二期（一九八〇〜二〇一〇年）	経済の安定・低成長期	成熟社会
第三期（二〇一一〜　）	脱低成長期	新自由主義社会
第四期		協同社会

経済成長のあり様にともなって日本人の労働のエートスがかわり、日本人の気風もかわった。労働のエートスとは、人を労働に駆り立てる内面的動機のことであるが、間　宏氏は労働のエートスを規準として、第一期の日本人のタイプを「企業戦士」とし、第二期のそれを

「会社人間」と特徴づけた。

一九八〇年代頃から、戦後教育で育った若者に、従来の日本人の風俗とは異った様相がみられるようになった。当時のジャーナリズムはかれらを「新人類」と呼んだ。実はこの「新人類」は間氏のいう「会社人間」の子供たちである。かれらが第二〜三期の労働を担うことになった。

(2) 成熟社会の表と裏

成熟社会の日本人の特徴とは何か。生活人間としてはひとりの人間であるが、現象的には表裏二つの面が現れた。

①コインの表面
●一定の所得水準の達成（貧乏からの解放）
●平等社会の実現（男女の教育機会の均等と高学歴社会の出現など男女差別の縮小）
●経済成長より環境重視（安全・安心な生活意識）

②コインの裏側

●生きがいの変化と安定志向（仕事よりも家族のだんらん、趣味の重視。休暇の歓迎）
●自己主義の強まり（個人主義に似た自己中心主義）
●モラルの崩壊（既成秩序の無視ないし軽視）
●学力・体力の平準化と低下
●管理社会化（番号制に象徴される人間の個性の軽視）への順応
●肉体労働の忌避（三K——きつい、汚い、危険な労働からの逃避）

労働の価値観は「労働のエートス」と密接なかかわりがある。第一期の経済復興と高度成長期の労働の価値観を「ナショナリズムと経済主義の融合」とすれば、第二期、第三期の成熟社会と新自由主義社会の労働の価値観は「選択的自由主義」である。「選択的自由主義」とは完全な個人主義に基づく自由を志向するのではなく、企業社会が用意したいくつかのカテゴリーのなかから職業的労働を選択する自由のことである。自発的就職ではあるが、企業がつくりだした枠内での働き方を選択せざるを得ない構造のことである。

〔第 3-1 図〕労働組合の組織率とＮＰＯ法人数

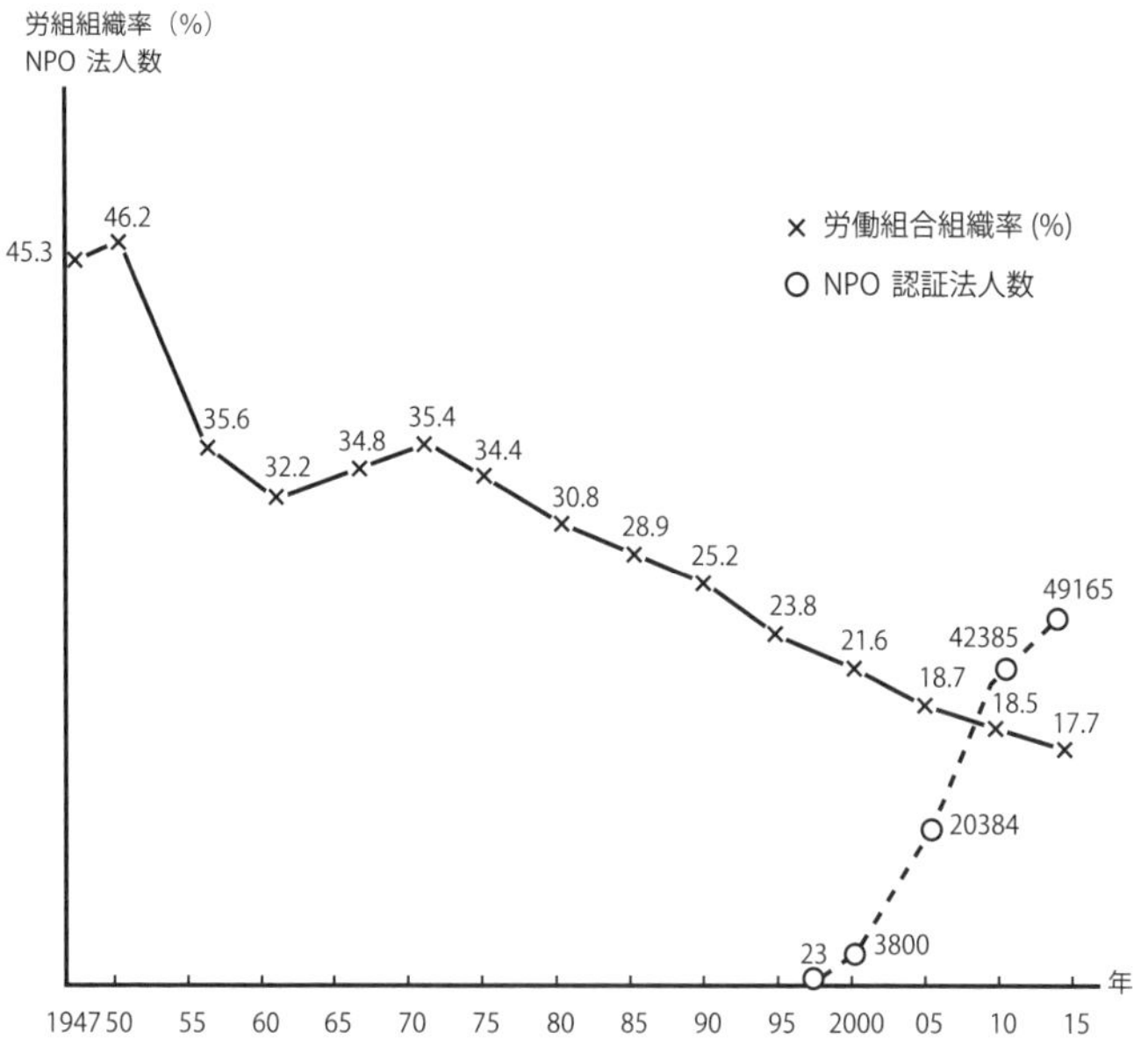

備考　厚生労働省「労働組合基礎調査」、NPO 法人数は内閣府調べによる

（3）「協同社会」の労働

次の「協同社会」の労働の価値観を予想するためには、第一期と第二期の労働の価値観がもたらした労働組合の組織率の推移とＮＰＯの形成を検討する必要がある（第３－１図）。

（ｉ）労働組合の推定組織率（労働組合員／雇用労働者数）

推定組織率は一九五〇年には四六・二％であったが、その後低下した。一九七〇年の日米安保条約をめぐる政治闘争時代には三五・四％まで回復した。しかしその後、長期低落傾向が続いている。

その理由を推測するといくつかの原因がある。

①組合に加入できない非正規雇用が増えた。

②賃金交渉や労働条件の改善が相対的に安定ないし固定したので、労働組合に加入するメリットがなくなった。労働運動に時間と費用の空費を感じる。

③労働組合運動に社会変革の情熱が持てなくなった。無力感。

④労働組合は政府や企業からの提案にたいして事後的に反対運動をするだけである。運動に創造性がなく紋切型の大衆動員とデモ行進に終始している。

(ii) ＮＰＯの増加　労働組合の低落傾向は労働組合自身に原因があって、ＮＰＯとは因果関係はない。しかし一九九八年にＮＰＯの認証が始まってからは、その設立数がうなぎ昇りにふえているのは、成熟社会の労働のエートスを反映しているからであろう。日本人は賃金のためにだけ働くのではなく、社会に貢献したいのである。定型的労働ではなく、創造的な自主的働き方をしたいのである。しかし個人的な働き方や孤立した小規模な組織ではあきらかに限界がある。

(iii) 他との絆　第一期から第三期までの労働の価値観を経過して、人びとは自分が個人ではなく他人によって活かされていることを感じ始めた。他との絆を求め始めた。自分を生かす組織を求めはじめた。しかもそれは経済的にも社会的価値においても持続可能な組織であることが望ましい。目的のある社会的労働とその組織が求められている。

参考文献：間弘著『経済大国を作り上げた思想―高度経済成長期の労働エートス―』(文真堂、一九九六)

3　労働立国のオルタナティブ社会――四辺形の理論――

(1) 協同社会にとっての労働

協同社会は人間の個人としての自立とその自律を基礎とした相互扶助によって成立つ社会である。その自立と協同を両立させる絆は、金銭ではなく温《ぬく》もりのある手作業である。その意味で協同社会は労働を基礎にする社会であるということである。

（2）労働立国イタリアの憲法

労働の意義を明確にした憲法がある。それはイタリア国憲法である。イタリア国憲法（注1）はその第一条第一項で次のように述べている。

「イタリアは、勤労に基礎を置く民主的共和国である。」

第二条はさらに個人と社会の人格形成における相互作用の権利を国として保障するとともに、すべての市民が社会発展に寄与する義務のあることを次の言葉で表明している。

「共和国は、個人としての、またその人格が発展する場としての社会組織においての人間の不可侵の権利を承認し保障するとともに、政治的、経済的および社会的連帯のそむくことのできない義務の遂行を要請する。」

社会組織とは、家族、労働組合、政党等のことで、いわゆる中間団体をさしている。

（注1）初宿正典、辻村みよ子訳『新解説世界憲法集』（三省堂、二〇一〇）による。

(3) エミリア・ロマーニア・モデル

第二次大戦後のヨーロッパとくにイタリアの市民社会はワーカーズ・コープを含む協同組合とトレード・ユニオン型労働組合と自治体政府と政党の四本柱から構成される社会になっている。

労働立国を宣言しているイタリアはその傾向が強いのであるが、わけてもイタリア北部のボローニァを中心とするエミリア・ロマーニア州ではレーガコープを強力な柱として労働組合、自治体行政、政党の四辺形の枠組みが、この地域の政治経済の基本構造になっている。その枠組みにおいて牽引車の役割を果たしているのが、エミリア・ロマーニァ・モデルといわれる協同組合である。

この州の人口は約四〇〇万人で、製造業は九万工場にのぼる。その製造業は加工食品や衣服などの労働集約的な工芸品的生産を主としており、製品の約半分は世界に輸出され、活気を呈している。この州の企業の九〇%は五〇人以下の規模で、企業の半数は職人ない職人的労働者を雇い入れている。雇用規模でみると、五〇〇人以上の労働者を雇う企業は五つしかなく、しかもそのなかの二つは協同組合である。実際、イタリア全体の協同組合企業は

〔第 3-2 図〕四辺形の社会構造

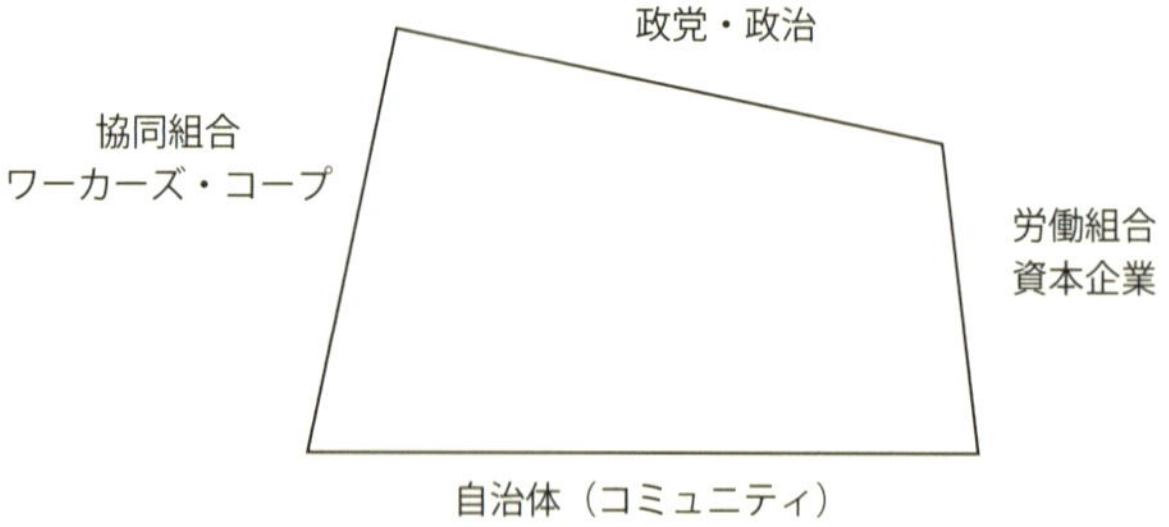

四万三〇〇〇にのぼるが、そのうち一万五〇〇〇がこの州にあって、州のＧＤＰの四〇％を協同組合がつくりだしている。州人口の三人に一人が購買、建設、農業、住宅、製造業、社会サービスのいずれかの協同組合の組合員である。たとえば公共事業を行う建設企業は五〇〇人以上の従事者が働く大規模なものであるが、これも協同組合の形態であり、また文化遺産を修復する住宅協同組合は労働者が出資し経営する協同組合である。農協は有機農業の先頭に立っている。この州はまさに協同組合王国である。

協同組合王国たる所以は、単に地域経済にしめるＧＤＰの額の大きさではない。社会関係というか社会的質によっている。そのモデルの際立った特徴をあげよう。

①経済の発展は、企業の合併や買収という規模拡大による競争力の強化ではなく、共存できる人間的規模の中小企

業のネットワークによって実現している。

②協同組合は組合員の教育研修と技術開発を共有の形で進められている。協同組合は相互扶助を原則としているから当然のことであるが、それだけではない。非組合員を含めてサービスを行い、いまや生産と販売、技術移転、職場安全、環境整備などを、相互のWin-Win の関係でおこなっている。

(4) 持続可能な「四辺形の社会構造」

リーマン・ショックに始まる一九九〇年代の世界の経済不況は、エミリア・ロマーニァ・モデルの社会にも存続をおびやかす深刻な状況をつくりだした。四辺形の構造を支えてきた協同組合企業が、輸出市場の景気悪化のために、生産コストの切り下げを余儀なくされた。それは労働立国の宣言で確立されてきた労働者の賃金と労働条件の低下を迫るものであった。労働組合の組合員の組織率の低下によって、団体交渉における労働組合の代表性にも疑問がでるようになった。

「四辺形の社会構造」を維持するためには、Win-Win の関係を単に企業内だけではなく、四つのセクターに連鎖的に広げてゆく必要が出てきた。

（ｉ）協同組合セクター　協同組合とくにワーカーズ・コープは労働組合と価値観と目的が共通しているから、労働者とくに高齢者や女性や若年者の失業を食い止めるため、余剰人員をなるべく内部に抱えこんで苦楽を共にする必要がある。そのため手当や利益金の配当を抑制して、剰余金の一部を協同組合の不分割基金に繰り入れる。そして雇用創出のための協同組合事業に支出できるような制度を設ける。

また協同組合には「員外利用」の規定があるから、これを活用してコミュニティの福祉に貢献できる。

（ⅱ）コミュニティ及び自治体行政　憲法に労働立国を宣言しているとおり、労働はコミュニティの基本的価値である。幼児・青少年の生育時の家庭教育には労働の価値が基礎にある。したがって、コミュニティ段階の学校教育では、次の段階の労働・職業教育にすすむための準備のカリキュラムが基本になる。これを幼稚園・小中学校で推進するのが自治体の教育行政である。

また自治体には就業のための職種・職能の登録センターがあって、企業の求人条件と労働者の選択とを調整する。また労働基準の管理官をコミュニティに設置する。これは単に工業労働にとどまらない。農林水産業はじめその他の自営業にも及ぶ。

為替変動や外国企業の低労賃製品との競争にさらされて存続の危機にある中小企業にたいしては、産業政策の狭い観点からではなく、ディセント・ワークの観点から設備改良のための投資支援を、協同組合企業のほか資本企業と自営業にたいしても積極的に行う。また輸出の縮小にともなって人員整理を迫られている企業にたいしては、自治体が事業継続のための製品の発注や他企業に売り込むための斡旋を行う。

障害者や高齢者は一般の通勤手段では就労できないので、特別の移動交通費をコミュニティから支給する。

(iii) 労働組合　労働組合は余剰人員について職種転換できるように、給与の一部を技能研修にあてる。また職場異動ができるように柔軟性のある交渉方針をとる。これはトレード・ユニオン型の労働組合にとっては存続意義にかかわる問題であるが、労働者の人間的イノベーションとして、人生の生涯計画を考える。これは退職後の充実した長寿生活の観点から組合活動を考えるので、文化の問題である。
そのためには産業別労働組合であっても、個人として職種をコミュニティに設ける職種・職能の登録センターに登録し、個人として職場異動を容易にする。そして産業別ナショナルセンターから地域労働マネジャーないしショップ・スチュアートを職種連携の地域センターに配置する。

自治体行政の職員だけでは、コミュニティのすべてのニーズに応えることは不可能であるので、労働組織が行政の手のおよばない部分を補完する体制をとる。そのためにも職種別労働者の地域統合をはかる地域マネジャーないしショップ・スチュアートが必要である。労働者をコミュニティ・オルガナイザーに養成するには、後述の「オルガナイザーに必要な資質」を参考にしてほしい。

(.iv) **政党・政治セクター**　コミュニティは住民の普遍的価値に基づく生活の場であるから、ニーズは多岐多様である。これにたいして自治体の行政サービスが一定の水準をたもつためには、ある程度、専門化せざるをえない。狭い専門化は特殊化を招くことになる。そのデメリットを克服するのが、政治であり、政党の役割である。政党は単なる政権とりが目的であってはならない。政党の活動が自治体行政の受け売りや評論にとどまらないためには、また住民の個別ニーズのコピーやポピュリズムに陥らないためには、政治は「四辺形の構造」を維持し文化として進化させる総合的観点から政策を思考しなければならない。

たとえば、農林水産業政策は個々の企業利益の立場から作成されてはならない。経済、社会、健康・環境、資源、国土の観点を総合し調整する総合政策でなければならない。総合化にあたっては費用対効果を計算したものでなければならない。

労働政策もしかり。単に労賃水準や労働条件などを主眼とする伝統的トレード・ユニオンの要求のコピーであってはならない。労働の価値の実現のための企業内交渉のほかに、生涯設計、年金など社会保障、そのための職業教育とコミュニティへの貢献を費用対効果の観点から総合した政策でなければならない。

政党は議会のシステム、議員の役割と資格を自ら決めなければならない。議会は政策の総合判断による基本政策の決定の場であるべきである。そのためには政策を総合的に価値判断する独自の調査機能を持つ必要があり、昼夜となく集まる常任員会を中心にする必要がある。そして議会はコミュニティの要請にもとづく基本政策を採択し、その実施の権限と責任を自治体行政に与えなければならない。基本的総合政策と専門的実施の間には緊張関係があるのは当然である。「四辺形の構造」はその緊張関係とWin−Winの関係によって成り立っている。

労働立国のオルタナティブ社会とは、そのようなコンセプトの構造によって成立している。「四辺形の構造」の社会は、市場経済の成長を規準とする社会を超えた人間の価値に基礎を置く社会である。次元の違う文化の問題である。その文化を個別の地域の事情に合わせて創るのが「協同社会」である。

参考文献：Hazel Henderson; Building A WIN-WIN World ─ LIFE BEYOND GLOBAL ELONOMIC WARFARE ─ (1996). John Restakis; The Emilian Model/Profile of a Co-operative Economy.

Marina Monaco; Trade unions and workers' cooperatives in Europe; Win-win relationship.

4　教育──知育・体育・技術教育の結合が社会を変える──

（1）機械工としての貴重な経験

終戦の年、私は旧制高校の理科の学徒であった。瀬戸内海のある造船工場に勤労動員された。私たちの職場は、本土決戦用の特殊潜航艇を製造する機械工場で、私はミーリングの仕事があてがわれた。ミーリングというのは、成型された鋳物を青写真が示す形に切削する仕事である。

工場で敗戦の詔勅放送をきくまでの約四カ月半は、見習い程度の職工仕事であったが、私にとっては戦時でなければ体験できない極めて貴重な時間であった。そのひとつは機械工場の労働者と同じ釜の飯を食べ、技能の手引きを受け、労働者の生活と気質をしる機会をえたことである。

もうひとつは機械工業における日米の工作機械の発達の差を体験できたことである。当時の和製切削機は電源を入れるとガタガタと振動し、精密部品の製作には不向きであった。それに対しアメリカのミルウォーキー製作の機械は、小型でしかも精度がよく操作がしやすかった。性能の点で歴然たる差があった。ことに精密機械である歯車の切削機では、アメリカ製の日露戦争時代の古い機械が一台あるきりで、たびたびおきる故障を直しながらの操業であった。

敗戦の年の五月になると、制空権を失った日本の空には、米軍のB29やグラマン艦載機が工場と民家を襲ってきて、私たちは空襲のサイレンが鳴ると洞窟に避難してそのなかで仕事をする日が続いた。特殊潜航艇に乗り込む特攻隊員を見かけることもあった。本土も戦地とかわりがなかった。身の危険とともに、私は工作機械の精能の日本と米国との差の大きさを体験したので、敗戦をひそかに予想していた。

生きる苦しさは戦時中よりも、戦後の方が物質的にまた精神的に大きかった。しかしそれは本題ではないので、いまは論じないでおこう。

戦時を振り返ると、私にとって油にまみれた工場作業は、青写真の読み方、工作機械のメカニズム、熱力学、歯車のインボリュート曲線の応用など、教室での講義では得られない実学修業の機会となった。機械工場の騒音、火花、クレーンの動き、作業の流れに応じた現場の配置を実感することは、長い人生にとって悪いことではないと思う。

また機械工場は物理学（力学）と形式論理学の結合体であるが、メカニズムにも人間の感性によって動く領域のあることをことを認識できたことは、その後の人生にとって有益であった。

(2)「生きる力」を発揮するとき

教育は何のためにあるのか。カネ儲けをするためでもなく、立身出世や有名人になるためでもない。教育は弱い者が「生きる力」を身につけるためにある。

一般的に人間が生きるには、学力、体力、情操、自立心、理性、他とのコミュニケイション力などが要求される。それらを強化するのが教育である。

労働者の場合には、労働力を労働市場において資本に売るための基本的な必要条件がある。マルクスはそれを知力、体力、技能力の三つとして、その教育を考える。

「第一　知育
第二　体育――体操学校や軍事教練によっておこなわれている種類のもの。
第三　技術教育――あらゆる生産工程の一般原則を教え、同時に児童と少年にあらゆる職業の基本的な道具の実地の使用法や取扱い方の手ほどきをするもの。
知育、体育および技術教育の課程は、年少労働者の年齢階級におうじて、しだいに程度を高めていかなければならない。技術学校の費用の一部は、その製品の販売によってまかなわれなければならない。
有給の生産的労働、知育、肉体の鍛錬および総合技術教育の結合は、労働者階級を上流階級や中流階級の水準をはるかにこえた水準に高めるであろう。」（注1）
そしてロバート・オーエンによる協同組合工場の出現は、労働者を雇用する主人がいなくとも働き手の階級が近代的大規模生産を運営できることを実証したとして、その労働の未来社会を次のように描写する。

「近代科学の要請におうじて大規模にいとなまれる生産は、働き手を雇用する主人の階級がいなくてもやっていけるということ、……（資本主義的大規模生産は）やがては、自発的な手、いそいそとした精神、喜びにみちた心で勤労にしたがう結合労働に席をゆずって消滅すべき運命にある。」（注2）

（注1）マルクス「個々の問題についての（国際労働者協会）暫定中央評議会代議員への指示」（ジ・インタナショナル・クリア一八六七年二月二〇日および三月一三日）。『マルクス・エンゲルス全集』一六巻一〇三～四頁、大月書店版

（注2）マルクス「国際労働者協会創立宣言」一八六四年九月二八日（資料、注1に同じ）

しかし、マルクスの予想は希望的観測に終わった。予想が外れた理由は、イギリスやその他の国で設立された協同組合工場が、その後、孤立した小規模な事業体として点在するにすぎない存在にとどまったからである。労働組合が協同労働工場を世界のあらゆる国に広めるべきであったのだが、労働組合がその使命を自覚しなかったからである。

そして二〇世紀の後半、教育は協同社会の規範とは別の利益社会の原理によって推進され、資本主義的大規模生産に基づく大衆社会の風潮をうみだした。

第一の知育では、中学校は義務教育となり、高校進学は大衆化した。そしてマスメディアによる知識が普及した。その反面、社会を革新する知識や技術の開発は、さらに高級な教育と研究の分野に進むことのできる一部の者に限られるようになった。かくて知識の消費と生産の階層が二分化した。

知識の生産には多額の教育投資が必要になる。そのため一般的労働者階級は、一部の例外を除き、その子弟が大学院以上の研究コースに進むことを敬遠するようになった。

知識と情報の創造は、上流ないし中産階級の出身者に偏るようになった。かれらのなかから有名大学に進学しキャリアを積む者だけが、最前線の研究開発に従事しまた国家行政や企業経営に携わるようになった。

第二の体育は、中流階級の青少年期におきる進学競争の激化によって、一般的に軽視されるようになった。

日本の小学校の運動会を例にとれば、かつては学童たちの個人やグループの日ごろの体育・訓練の成果を表現する場であった。しかし一九八〇年代には、競争による順位づけが差別になると忌避され、みんな平等の仲良し会の場にかわった。これは体育そのものの誤解である。そして日本の青少年の体力が低下した。

それとは別に、個人の各種の運動能力は商業的スポーツとしての価値が評価されるようになった。その背景には、体育のスポーツ化とともに、スポーツ愛好者はプロ競技者と大衆的観客に二分化し、ゲームの広告価値が認められるようになった事情がある。

そしてマスメディアに各種のスポーツの番組や記事が増えた。このような大衆文化となったスポーツは、地味な国民体力の増進のための体育とは別次元のものである。有名スポーツタレントを輩出するには経費がかかる。労働者階級からそのタレントを輩出する機会がないではないが、ある程度の高所得水準にある家庭、運動能力のすぐれた家系あるいは幸運にめぐまれた家系に限られるようになった。

成熟社会への移行期とともに、スポーツのエリート家族とは関係のない平均的勤労サラリーマン・労働者の家庭のなかに、進学も就労も忌避するニートと呼ばれる無気力な若者や職業の定まらないフリーターが現れ始めた。これは旧世代には想像もできない社会現象である。

第三の技術教育の状況も変った。技術の前提となる基礎工学が高度化したので、既往の生産技術は平準化し、新興・中進国への技術移転が容易になった。市場のグローバル化によって、後発国から安い競争製品が入るようになり、先進国の陳腐化した労働力は下級労働者に格下げされるようになった。先進国の企業は物づくりの単純技術を捨てて、たとえば医療と工学との複合化のように高度化すると同時に工業のソフト化・サービス化に転換せざるをえなくなった。それに対応できない労働力は切り捨てないし非正規雇用に転落することを余儀なくされる事態が現れてきた。

この傾向にたいして、先進工業国の労働組合は組合員の再教育によって能力を高め、労働市場における資本家との交渉力を強化しなければならない。技術教育に適するのは、職業別ないし職種別のクラフト組合である。産業別組合のなかをクラフト別に再編成しなければならない。

だが、日本の場合は、事情が多少異なる。新規労働者の技術教育は入社後、会社の研修によって実施されるので職種が定着しない。また年功序列による昇進・昇格のために職域がかわり職業が定まらないきらいがある。労働者は自己の職業の確立よりも会社への帰属意識が強くなる。そして労働組合員としてのアイデンティティが弱くなる。

さらに科学と技術が高度化し複合的になる。社員の労働力評価において年功序列よりも能力を優先するようになると、給与の一律交渉を基本とする労働組合は、その存在意義が希薄になる。

要約すれば、労働者教育を取り巻く環境は、マルクスが指導した国際労働者協会の終焉の後で、大きくかわった。資本主義の経済構造の変化と技術革新の速さに対して、トレード・ユニオン型の労働組合は対応ができなくなった。

5　経済成長と失業・非正規雇用の悪循環のない企業にするには

(1) 失業・非正規雇用の常態化

世界恐慌が起きる前年の一九二九年のアメリカの失業率は三・二％であった。それが三〇年に八・七％、三一年に一五・九％になり、ついに恐慌が発生した。恐慌の年、三二年には失業率は二四％になり、三三年には二四・九％に達した。その後ニューディール政策が推進され、三七年には失業率がようやく一四・三％に低下した。

一九三〇年代以降、米国以外の諸国でも構造的不況に陥り始めた。不況は都市の若者を自暴自棄に陥らせ、また農民離村を引きおこし、ファシズムや極右政党が台頭する一因となった。そして問題の解決を海外植民地に求め、新旧帝国主義の間の抗争は第二次世界大戦に発展していった。

戦後、定式化された経済の成長政策は雇用を安定させることを目的としたが、その結果はどうであったか。その結果は左記の第3－1表が示している。

第3－1表を見た第一印象は、OECDに名をつらねる先進工業国の経済成長率が極めて低く、なかにはマイナス成長もあるということである。高度の経済成長時代への回帰は無理なのである。海外に新市場を開拓しようとすれば、開発途上国の反植民地感情を刺激しナショナリズムによる反発を引き起こす。また労働コストの低い途上国への投資と技術移転にともなって、途上国の経済が発展し、政治的パワー・バランスにおいて先進国のかつての優位性が崩れる傾向が生じた。時代が変わったのである。

第二の印象は、失業率が高いことである。派遣労働などの非正規雇用を加えると不完全雇用の割合はさらに高くなる。高い失業率を

〔第 3-1 表〕OECD 加盟国の失業率と経済成長率

（%）（2013 年）

	失業率	経済成長率
カナダ	7.1	2.0
フランス	9.9	0.3
アメリカ	7.4	2.2
イギリス	7.5	1.7
スイス	4.4	1.9
スウェーデン	8.1	1.6
スペイン	26.1	-1.2
(バスク)	15.7	-1.9
	14.9	-1.2　(2012 年)
イタリア	12.2	-1.8
ドイツ	5.3	0.5
日本	4.0	1.5
ＯＥＣＤ	7.8	1.3

備考　ＯＥＣＤ　統計　2013

回避するには経済成長率を再び高める必要があるという強迫観念にかられる。そして市場経済への国の介入をできる限り縮小し、企業の競争を自由にするための規制緩和を進める必要があると考えるようになる。また効率の悪い国営企業の民営化を進めることになる。要するに新自由主義を推進するということである。しかし新自由主義は労働者の失業率を上げ、非正規雇用を必要悪として制度的に認めなければならなくなる。

それとは逆に、雇用を維持しようとすると、企業の利益率が低下するので、企業の投資意欲が減退し、経済成長が低迷する。そして結果的に雇用情勢がふたたび悪化する。経済成長と雇用はトレード・オフの関係に陥り始める。経済は前に進めず、後ろに下がることもできないゆき詰まり状態に陥ったと言うことである。

いまこそ発想の転換が必要である。本来、人間というものは働くことに精神的よろこびをもつ存在である。それにもかかわらず、経済は労働市場における資本と賃労働の関係だけに問題を矮小化する。すなわち、生産手段を利潤を取得する観点から「資本」の観点で設定し、労働者を「賃労働」として設定し、その二つを依存と対立の関係に限って、その価値を評価をしてきたのである。それは人間という存在の一面的な観察であり、物質的観点からの虚構である。「資本」と「賃労働」の既成観念を揚棄する具体的方法が必要である。

（2）人間性が復権する企業組織

「自発的な手、いそいそとした精神、喜びにみちた心で勤労にしたがう結合労働」（本書、一〇八頁）を実現するためには、資本が「資本」であることをやめ、労働が「賃労働」であることをやめなければならない。資本主義がつくりだした観念の虚構を、もとの人間の次元に回帰させるのである。すなわち資本家が労働者であり、同時に労働者が資本家である双方向の関係をもつ企業組織をつくればよいのである。

かつてのニューディール政策が思想革命であったとすれば、資本対労働の企業構造の変革は現代の第二次思想革命である。それは実現できないことではない。

そのためには、「労働」と「資本」がそれぞれ変身する道を経過しなければならない。

（i）労働者からの道

さきに労働者の教育としてマルクスが挙げた三つの要素、すなわち知育、体育、技術訓練にかんして考えよう。

第一の知育については、労働者は企業経営について学習しなければならない。そのためには政治、経済、哲学、科学の基礎学習が必要である。

第二の体育について言うと、集団的行動、チーム・ワークのための体力ならびに精神力の強化が必要である。

第三の技術訓練については、技術革新に対応しさらに未来創造的な職業教育が必要である。スペイン・バスクは高等教育の充実した国としてOECDで推奨されている。それを例にとって検討しよう。

●中等教育――一二〜一六歳は義務教育である。この年次の生徒のうち一定水準の成績を収めた者は二つのグループに分かれて、さらに二年継続して授業をうけることができる。一つのグループは、大学進学コースである。他は職業訓練コースである。
一定水準の成績に達しない者は就職の予備コースとしての職業訓練課程を受けることができる。

●高等教育――バスク自治州には、教育省が一九九八年に設立した「バスク職業資格訓練協会（BIVQT）」をはじめ職業訓練を行う公私の専門機関がたくさんある。大学ではバスク公立大学、イエズス会Deusto大学の二つの名門校がある。オプス・デイ（カソリック系、在ナバラ）大学、モンドラゴン大学（協同組合立）は一般学術コースのほかに職業教育コースがある。職業教育では理論学習を専門機関や大学で週のうち二日行い、実習は企業の現場で四日間行われる。

ハードとソフトの広い領域にわたる研修とその終了者の就職率を職種別に見よう。カッコ内は%を示す。

金属（八八）、オートメーション（八九）、電機（八一）、木工（八四）、建設（八八）、飲食とツーリズム（八六）、繊維（七三）、農業（六三）、美容（八五）、コミュニティ・サービス（八一）、スポーツ・体育（九〇）、管理（七七）、音楽・映像（六四）、保健（六九）、化学（七五）、グラフィック（七一）、計（八一）（二〇〇二年度）

備考　GOBIERNO VASCO; 2004–2007 BASQUE VOCATIONAL TRAINING PLAN による。

こうした労働研修を支援するため、バスクの労働四団体とバスク経済三団体とバスク政府商工観光省が HOBETUZ という継続職業研修財団（一九九六）を設立しており、働きながら再訓練する労働者を資金面で支援している。この財団は公立民営団体で零細・中小企業にも配慮している。

このようにして、個人が職業研修を自主的に受け、そして公認された職業別の資格を取得して企業に就職し、他の仲間と異業種間の労働との結合をはかっている。「労働は資本に使われるのではなく、資本を使う」企業の形にするのである。そのためには、労働者が出資し理事会に代表をおくり、また総会において経営政策を議決し、また理事を更迭する権利を保障されなければならない。

(ii) 資本側からの道　資本は株式資本制を自己否定し労働人間の立場に転換する必要がある。その変容の方法は、

①経営政策の決定における株式数による支配制を改め、株主を自然人の人格に戻して議決権を一人一票制にする。

②株の高い配当や売買差益を期待する株主の観念を放棄して社会的貢献を重視する。

③利潤は内部留保と社会還元にあてる。

(iii) ワーカーズ・コープ　以上の資本と賃労働の既成観念を揚棄した企業の具体的な姿が、実はワーカーズ・コープ(協同労働の協同組合)なのである。(注3)

協同労働の協同組合では、組合員は労働者であり経営者でもある。しかし労働者も経営者

も人間であるから、その運用にあたっては誤りをおかすこともある。完全無欠な組織などはあり得ない。協同労働の協働組合では誤りを想定して、

①労働者の側面

労働者の能力判定にかんする誤謬や差別や不当労働行為の訴えを受理し審査するために人事部を設ける。

②資本の側面

理事に経営専門家を加えると同時に労働者委員が参加する経営計画委員会を設置する。

③労働と資本の利害が相反する場合が生起することが想定される。その最後の判断は組合員が義務として出席する総会において決定する。

（注3）石見尚『都市に村をつくる』（日本経済評論社、二〇〇二）付録 拙訳「一九九三年バスク協同組合法」（抄）参照

しかし、全員参加の総会による民主主義的決定も誤りをおかすことがないとは言えない。協同労働の協同組合は、自己の究極の存在意義を次の点においている。

「過ちを自己訂正できる企業組織である。」（同上、一六九頁参照）

6　日本を救う森林経営と労働組織

(1) 持続可能な森林経営への発想の転換

我が国は経済の高度成長期が終わり、成熟期に入った。経済の高度成長期の森林経済の収支勘定を要約すると、国有林の三兆四千億円の負債(二〇〇四年)、さらに民有林ではスギ、ヒノキの膨大な山林が放置され、俗語で言うと滞貨の状態にある。

これには理由がある。国有林、民有林とも水資源の維持や治山治水に貢献し、また地球温暖化の防止に貢献している。しかし森林のこの間接的な公益効果については、国民経済の資産勘定・損益勘定の会計制度がない。したがって間接収益を山に還元する社会システムがなく、関係企業の当座の損益勘定の観点から、安い外材輸入と建築資材の工業製品化が当然のように行なわれている。いまこそ不毛な国策を反省し、持続可能な森林経営を確立すべきである。

〔第 3-3 図〕国有林と民有林の分布（略図）

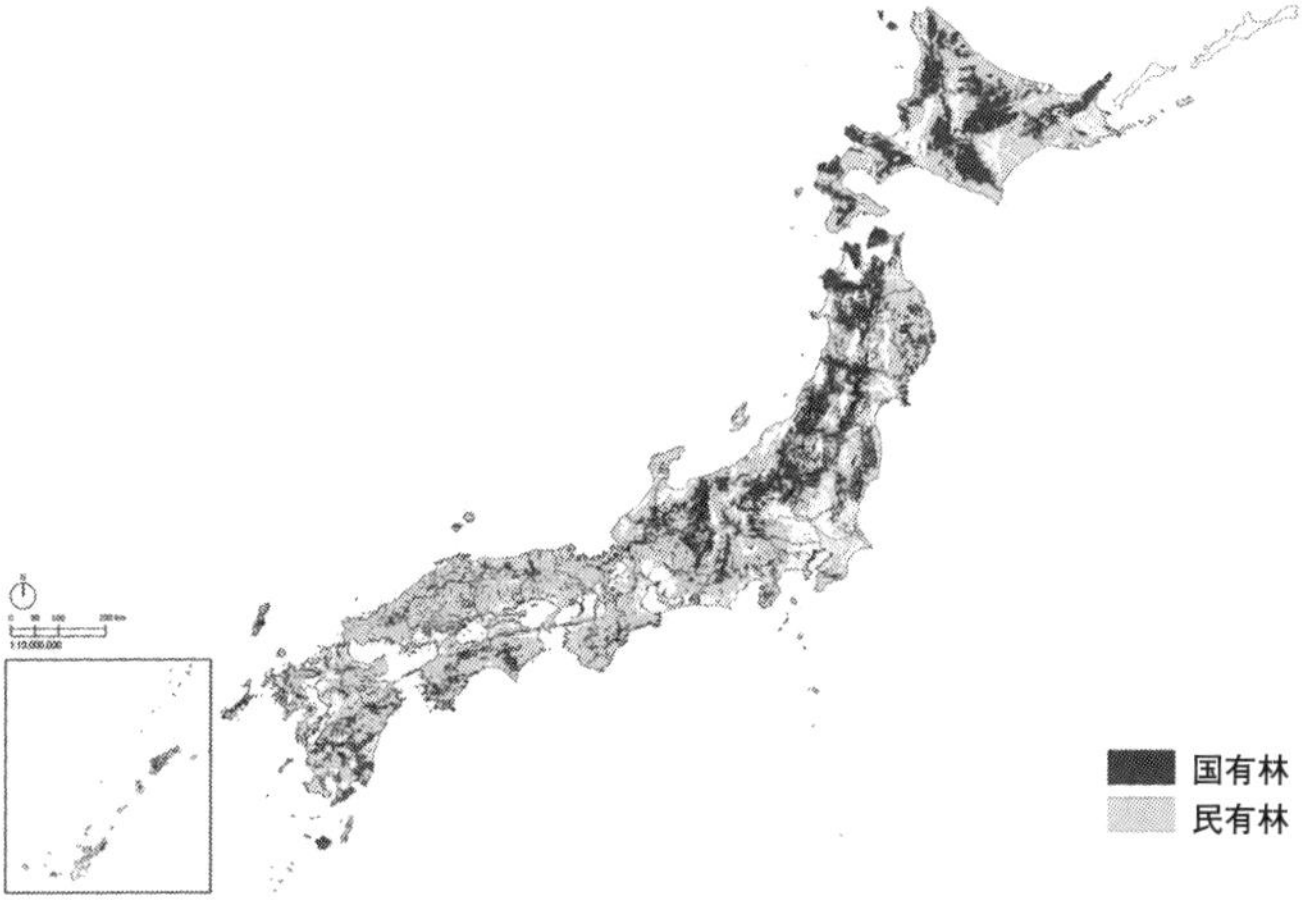

（2） 持続可能な森林経営の課題

課題は四つに絞られる。

第一は、都市から遠隔地にある山地作業で通用している独特の用語を素人にもわかりやすい言葉に改めることである。消費から生産に遡った森林の循環を実現するには、そうした考慮も必要になる。森林のエコロジーと人間居住の安全性ならびに森林経営の採算を両立させるには、プロ・スポーツのサポーター並みの熱烈な国民参加の森林経営を実現する必要がある。

第二は、森林経営を担当する技能的労働者の養成である。持続可能な森林経営には生態系と労働の安全と経済性を現場で両立させる高度な森林プランの作成者が必要である。それは机上プランではなく、現場で実施できるプランでなければならないので、技能労働者（フォレスター）が山に定着し生活できるようにしなければならない。この件に関しては、菊間満訳『ＩＬＯ林業労働監督ガイドライン』（日本林業調査会、二〇一二）が参考になる。

第三は、市場価値の低い木材流通システムを改善し、適正な付加価値を実現するシステムを創造することである。たとえば、森林生態系の保全には選択的伐採が採用されるが、搬出コストが高くなるから生産は大径木が基本となる。大径木の適正な利用と市場を整備するためには、土場では価値の高い家具、フローリング、ログハウス、化粧材、加工用材などの分類仕訳を行い、良質少量の取引に中小製材業者が参入できるようにする。木材の乾燥―流通―加工をふくめた製品価値からの林木の育成・生産システムの開発が必要になる。

第四は、廃材のリサイクルのシステムの確立である。

これらの課題に向き合うには、よく言われることであるが、川下から川上に至る森林企業のガバナンスを考えることになる。

（3）林業労働の現状

日本は森林面積が国土面積の六六％（三分の二）を占め、まさに森林立国にふさわしい国である。その森林面積の三〇％が国有林、七〇％が民有林である。森林を維持管理している労働は、まさにフォーマル労働とインフォーマル労働の連続した構造になっている。

（ⅰ）国有林　国有林七三八万四千haを管理しているのは、正規の職員五二六三人、定員外職員二三〇二人、計七〇六五人（二〇〇四年）である。一人あたり約一千haを管理することになり、正職員だけで維持経営することは到底不可能である。そのため、事業を外部委託している。直庸労賃／日が二万九四五〇円であるのにたいし、委託労務の平均単価は一万七六八〇円（二〇〇四年）である。作業委託費は六六億円であるから、委託労働をする作業員は約三七万人日（一人二〇〇日／年として約一九〇〇人）と推測される。これは前記のフォーマル・インフォーマルの関係を立証してあまりある数字である。

（ⅱ）民有林　民有林の所有者の形態は個人（農家林家、専業林家）、会社、社寺、共同、団体、慣行共有、財産区、都道府県・市町村にわかれるから、それらの労働者数を推定することは難しいが、概数を試算してみよう。

①森林組合の労働者　全国六七二組合、専従職員数は七〇四八人、作業班の労働者数は二万一三六五人（内訳五九日以下二九九六人、六〇～一四九日－四〇一四人、一五〇～二〇九日

一四九〇三人、二一一〇以上九四五二人）である。作業班の就労の一五〇日以上をほぼフォーマル就労とすると、七〇％に相当する一万四三五五人がフォーマルな労働で、三〇％に当たる約七〇〇〇人がインフォーマルな労働である。

②自営林業者　森林組合方式に対し、小規模所有者でも設備投資に金をかけずに、小型の機械を用いて自家労働で森林経営をすれば成り立つという方式が数年まえに高知県の林業家から始まった。これによれば、前記の国有林の民間委託基準賃金にはとどかなくてもせめて森林組合の作業員の伐木造材作業賃金一万一七六〇円／日（二〇〇〇年）、時給一四七〇円は実現できる。さらに間伐材のエネルギー利用ができるし、地域通貨を用いると仲間もできるという。これはまさにインフォーマルな労働のフォーマル化のこころみである。

この自営林業の労働力については正確な調査はないが、三ha以上の所有者の林業従事者二二万三四〇八人（内訳二九日以下一五万八五五二人、三〇～六九日一三万九三六一人、六〇～一四九日一一万六一九九人、一五〇日以上九二九四人）である。（二〇〇〇年現在、ポケット農林水産統計二〇〇五）である。林業従事日数で年間一五〇日以上の約九三〇〇人は、ほぼフォーマルな林業労働力とみなすことができよう。

他はほかで収入を得て補填しているか不就労かである。

③林業会社の労働者　育林・素材生産会社と素材生産だけの会社を含めて、労働者は二六人である（二〇〇三年現在）。

④生産森林組合　組合員数は二七万一五一人（二〇〇三年）である。従事組合員数は不明。

⑤ボランティア労働力　二〇一〇年以降、民有林の下草刈りや間伐に参加するボランティは東京、京都、岐阜県などの林業女子会をはじめとして全国で増えている。参加者の人数は不明である。

〔第 3-2 表〕 林業労働力の現勢（2000 〜 2010 年）

事業体	人数（人）
国有林	8965
森林組合	28413（150 日以上 14355）
自営	223408（150 日以上 9294）
会社	26
生産森林組合	270151
ボランティア	不明

（4） 職種別労働組合としての再編

①職種別労働組合　国有林・民有林の育林、伐採の労働者、製材加工、その他林道、砂防などの建設労働者は、最寄りの地域の森林労働センターに職種、職能ごとに登録する。登録した者は森林労働組合を全国規模で設立し、住所のある地域で就業する。地域森林労働センターには地域森林マネジァー（フォレスター）がいて仕事の委託を受けて労働プランを立てて推進する。

②労働プランによる労働は臨時労働であっても、組合員は時間数に応じて賃金が支われ、また年金に加算され、労災保険が適用されるべきである。

(5) 国民の森林総合企業体——森林共同所有株式会社の構想

企業の目的は生態系の保全と経済の両立を目指す前記の四つの課題の解決である。森林経営は企業として自立できる収益を上げ、社会的企業として環境保全等の森林の多面的価値によって社会と国民経済に貢献することが目的である。

(i) 企業組織　国有林の財産を株式化し森林総合経営株式会社にかえる。財産の所有権と経営を分離し、経営の収益性と公益性を調和させるため、ホールディング(コモンウェルス、持ち株会社)を設立する。

森林総合経営会社の森林とその他の森林受託経営のために、製材、加工、上下水道、かんがい、飲料水供給、発電、森林療法、レクリエーションなどに利用する企業は、森林総合経営会社の発行する株式に出資する。その株は当然ホールディングの所有にうつる。森林組合や他の森林所有法人で希望する団体は森林ホールディングの株に出資することができる。

(ii) 森林総合経営会社の事業と規模　森林経営会社は森林の多面的機能を活用した収

益事業を公益事業と合わせて行う。

①木材供給にとって不採算な地区を採算のとれる事業に変える。たとえば森林療法、レクリェーション用森林に転換する。その経営は民間のホテル・観光業者に委託することができる。国営森林公園も参考の一つになる。

②エコツーリズムに対応するため、原生林を保存しまた日本古来の野生動植物が棲息できる広域の自然公園を設置し運営する。森林総合経営会社の設立を機会に、人間と野生動植物が共生する思い切った広域の自然空間を演出してほしいものである。

③森林総合経営会社は全国的規模の組織とするのがよいであろう。国有林は北海道、東北地方に偏在している（第3－3図）ので、他の地方には支社を設けて国民の森林の観点から事業の配分をはかる。

(6) 多角的土地利用と職業訓練

インフォーマル労働をフォーマル化するには、単に賃金あげ交渉だけでは解決しない。林業のように樹木の成長が長期にわたり、また労働に季節性があり、自然災害による非自発的失業を伴う場合には特にそうである。労働機会を増やすためには、林業以外に仕事の多様化をはかる必要がある。

その方法として、森林ホールディングは各種の森林企業の保有する土地を利用してビジネス機会をふやすようにする。しかも土地所有者と Win-Win の関係で収益を分配できるようにする。たとえば、

①伐採跡地に山菜や特用作物を栽培し農業的利用をはかる。また薬用植物や果樹、漆、和紙などの工芸作物の栽培。要するにアグリフォレストを創設する。
②別荘、山小屋の開発
③バイオマス発電や太陽光発電の基地
④森林療法
⑤ゴルフ場
⑥その他

森林利用にかんする相談には次のようなものが想定されるだろう。
①小規模山林所有者の森林の財産価値をたかめるための施業相談
②少年・消費者の林業体験学習

③放棄山林の経営受託や売買の斡旋

(7) 社会的評議会

森林経営を公益と関連づけるために、ホールディングの運営機関として社会評議会を設ける。評議会は次の五者の代表で構成される。

①消費者、利用者、市民の代表
②林業労働組合の代表
③株主企業および森林組合、山林経営者の代表
④自治体（またはコミュニティ）の代表
⑤学識経験者

これは「四辺形の理論」の応用である。

社会的評議会は森林総合経営会社の利益の一部を、地域の文化、教育の振興、医療、高齢者の予防介護、障害者の自立などの公益にあてることを審議する。

参考文献：M・B・ジェンキンス、E・T・スミス著、大田伊久雄、梶原晃、白石則彦訳『森林ビジネ

ス革命』（築地書館、二〇〇二）。山田　勇著『世界森林報告』（岩波新書、二〇〇六）。E・F・シューマッハー、小島慶三ほか訳『スモール・イズ・ビューティフル』第四部（講談社学術文庫、一九八六）。Basudeb Guha-Khasnobis ほか編：Linking the Fomal and Informal Economy — Concepts and Policies, 2006.

7　ワーカーズ・コープと労働組合

(1) グローバリゼーションの衝撃度

一九九〇年代の経済のグロバル化は、ほとんどの国のワーカーズ・コープと労働組合に大なり小なり影響を与えた。そのダメージの程度では、労働組合が大きい負の影響をうけた。欧米や日本などの工業国では、大企業が不採算部門を縮小ないしそれから撤収して生産拠点を海外に移したため、国内で非正規雇用が増えまた人員整理が進行した。そのため労働組合では組合員が減りあるいは脱退する者が出てきた。残留者が少ない組合では、会社側との交渉で従業員全体にたいする労組の代表性さえ疑われる事態もでてくるようになった。

ワーカーズ・コープへの影響は比較的軽度であった。国際協同組合同盟のなかのワーカーズ・コープ部門であるシコパ、CICOPA（International Organization of Industrial Artisans and Service Producers' Cooperatives）（注1）はグロバリゼーションの影響についてこう結論づけている。

●全体として、ワーカーズ・コープと社会的協同組合は事業の実績、雇用、倒産率の点で一般企業よりも良好な状態にあり、また強力な協同組合の経験のある国々（イタリア、フランス、スペイン）では回復の兆しが早い。しかしヨーロッパの中部・東部の国々では、既存企業と同様の状況にある。（中略）

●危機を乗り切るには、短期の補足方策（ミクロ、企業レベル）と長期政策（メゾ、連合会、支援機関、グループレベル）・（マクロ、国の公的政策レベル）が必要である。協同組合だけでは危機を脱出することができない。労働者協同組合の連帯機構と十分に効果のあがる公的政策が必要である。

●ヨーロッパ以外の加盟組合からの報告は、経済的見通しについて一層楽観的である。二〇一〇年の雇用の減少や倒産を報告する組合のないのが印象的である。……（注2）

（注1）CICOPAはICAのなかのワーカーズ・コープの国際連絡機関。ジュネーブにある。

（注2）CICOPA; Inspite of hardships, cooperatives in industry and services remain resilient to the crisis and its consequences（Third annual report on the crisis — June 2011）

（2）職業・職種から見たワーカーズ・コープの適性分野と不適性分野

ワーカーズ・コープには、協同組合企業としての資本と労働力の性格の上で、得意の産業分野と不得意な分野がある。従来の実績に照らして適性のある職業・職種は以下のとうりである。

（i）適性分野　（a）ベンチャー・ビジネスとしての起業資金を集める範囲が限られ、また事業資金を銀行や信用機関から調達したり、増資を株式市場から調達できないので、資本的には弱小零細性を免れがたい。したがって資本的には零細規模でもできる労働集約的で技能が平準化しやすい産業分野ならばどの産業にも適応できる。たとえば農林業や沿岸漁業（ただし大規模設備の分野は除く）、飲食サービス、縫製、家具、製靴、保健・介護サービス、土木建築、運輸、その他。

（b）資本の回転率が高い産業つまり費用を速く回収できる職種が良い。費用の点だけではなく、顧客との対面サービスによる迅速な反応に接し生きがいを感じることができる分野。

多くの生活サービス業がこれに該当する。

（c）働く者が共通のプロジェクトに参加し、相互のコミュニケイションを必須とする職種。たとえば建築、演劇、交通サービスなど。

（ii）不適性分野　ワーカーズ・コープは協同労働の性質上、事業としてはその範囲に限界がある。

（a）大規模な資本投下を必要とする長大産業、とくに生活と直結しない生産手段の中間製造部門。たとえば自動車・船舶や大型機械の製造、石油精製、大型発電、基幹的な鉄道・通信インフラの整備・運転など。

（b）政府がおこなう公的事業（ただし作業の一部を上記の得意の職種として委託される場合は除く）。

（c）個人の個性や能力に依存する芸能、絵画、文芸、スポーツ、ジャーナリズム、研究開発などの分野。

（3）労使の対話がある経営モデル――イタリアの建設協同組合CMB

（i）企業概要　イタリアのルネッサンス都市、ボローニァの郊外にカルピ（Carpi）という小さい町がある。そこに The Coopearativa Muratori（煉瓦積み工）Braccianti（日雇い労働者）（略称CMB）というワーカズ・コープがある。その名のとおり、建設業をメーンとする協同組合形態の企業である。

現在、イタリヤの建設業ではトップクラスの大企業である。組合員一四〇〇人、従業員九〇〇人うち二五〇人が従事組合員である。組合員が従業員よりも多いワーカーズ・コープというと奇妙な感じがするが、高齢退職者も生涯組合員の資格をもって参加しているからである。CMBは従業員持ち株会社でもある。従業員は Trade Union を組織している。CMBは協同組合会社として二〇〇九年に後述の「行動規範」を総会で採択した。この「行動規範」とくに人権尊重、差別の廃止、技能研修の項目は、労働組合を通じて職場に徹底される。

（ii）歴史　私が現地（カルピ町のメディチーナ地区）を訪れたのは一九七〇年ころである。土木労働者、煉瓦製造工や煉瓦積み工、大工職人、家具職人、ベッドづくり職人がそれぞれの職種ごとにグループをつくり、小さい職種別労働者協同組合を組織していた。たいへん感心したのは、彼らのグループはそれぞれ独立した組合であるが、横のネットワークを組み、連帯して戦後の復興住宅の建設を請け負っていることであった。（注1）

（注1）拙著『協同組合新論』参照「第4章、私の見たイタリアの労働者生産協同組合」（家の光協会、一九七七）

かれらの発祥をみると、煉瓦積み工協同組合の生まれたのが一九〇四年、日雇い労働者協同組合は一九〇八年に誕生した。ファシスト政権を経て、第二次大戦の焼け跡のなかでレーガ協同組合の一部をなす住宅建設協同組合として成長した。

飛躍的発展期が訪れたのは、一九六八年に高速自動車道と鉄道橋の建設を委託された時である。カルピ町に合同企業CMBを設立した。

そして七〇年代、八〇年代をつうじて学校と住宅の建設に事業活動を拡げた。九〇年代には病院建設や都市開発のように高度の専門的知識を必要とする分野に仕事を進めた。その間、CMBは建築と都市計画の専門技術者を雇い入れた。また労働者の技能研修によって、市街地改造にも取り組むことができるようになった。CMBはイタリアの市民生活に直結する都市インフラストラクチュアづくりを担うようになった。この段階で、CMBは建設業のほかに高齢者でも働くことのできる不動産管理事業を持つようになり、また資金運用事業をおこなう余裕も生まれた。

(iii) 二〇〇九年「行動規範」　かれらの作業を貫いている原理は、創業の精神である「連帯、民主主義、協同」である。それを実現するシステムは、政策決定への全員参加のための協同組合の組合員総会である。総会には協同組合で労働に従事する従事組合員ももちろん出席する。労働組合は別個に総会を開催する。両方の総会は組合員の「行動規範」を二〇〇九年に規約として決議した。

CMBが重視しているのは「企業の社会的責任」である。労使が共同で取り組む具体的なテーマは、

●環境（エコロジー）管理とその監査
●働く者の健康管理と職場の安全性
●人権の尊重（CMBには「機会均等および職場でのハラスメントと差別の防止の規定」がある）
●良質な製品の提供

このうち特に第三項を詳細に規定したのが二〇〇九年「行動規範」である。

（iv）企業の社会的責任　企業の社会的責任はCMBだけではなく、EUでは広く論議されているテーマである。これは、労使が討議し協力する体制を築かなければ実現しない。CMBがいち早くこれを取り上げたのは、労使の共同討議の場があるからである。CMBは二〇一〇年に企業の「責任のある競争制度の確立」を提唱している。

新自由主義の競争の原理は世界を破滅に導く。他方、抵抗だけのトレード・ユニオン型労

働組合主義は古すぎる。

社会的責任を果たす労使関係をつくるには、環境、健康・安全、人権、良質製品・サービスの提供を保障するコミュニティをベースにした体制を目標にすべきである。

8　働く女性を主体としたイギリスの全国的労働組合ＵＮＩＳＯＮ

イギリスで一九九三年に生まれた全国的労働組合ＵＮＩＳＯＮを紹介しよう。これは日本の労働組合の再編にとっても示唆するものがある。

（1）労働組合の構造

ＵＮＩＳＯＮは政府機関と民間企業を問わず公共サービス部門に従事する働き手の職種横断的な労働組合である。公共サービス部門とは、たとえば保健、教育、市営バス、警察、診療所、保育園、老人ホーム、地方議会サービス、社会的弱者の保護、上下水道、建築管理、電気設備の補修、公園管理などが入る。

職種はたとえば、看護士、学校給食スタッフ、病院清掃者、小中学校教師、バス運転者、地域劇団の俳優、サッカー選手、ソーシャルワーカー、救急車の隊員、医療検査員、水道・ガスの配管工、都市計画の管理要員、環境整備士など公共サービス要員・技術者など多岐にわたる。UNISONは一九七〇年代、八〇年代に進行した国営・公営企業の民営化の嵐に対する労働組合の対応として、一九九三年に設立された。イギリス第二の大きい労働組合である。

イギリスの最大の労働組合連合TUCから分離独立した背景には、サッチャー政権時代からの新自由主義にたいして、労働者の権利を守る戦い方についてTUCにたいする不満がある。たとえば政府部門の民営化とパート労働、退職金や年金、健康保険などの問題にたいする戦い方に温度差がある。最近では、日本にとってのTPPに相当する「環大西洋貿易投資提携協定」（EUとアメリカの協定）が公共部門の民営化を促進するので、この問題に対するTUCの方針との違いもおきている。

二〇一四年現在、加入者は一三〇万人にのぼり、公共サービズ部門の最大の労働組合である。組合加入者の三分の二は女性という。

UNISON労働組合の理念は平等（尊敬と公正）、連帯（共助）、民主、参加（創造性の共有）である。全国に一二〇〇支所があり、組合員は住いの最寄りの支所に登録する。支所は病院、議会、警察で働く市民ボランティアが運営する。支所ごとに運営委員会があり、UNISO

N支部の運営にあたる。支部には会計係、保健安全担当と女性問題担当の常設委員会があり、またショップ・スチュワード（職場代表）が活動している。UNISONはこのようにコミュニティとボランティア団体との連携を重視する労働組合である。

（2）目的と活動

UNISONの共通目的は、労働条件の改善、賃金および作業環境の改善である。活動内容は組合員のために雇用者との交渉であって、賃金、労働協約、不平申し立ての手続き、雇用の推進、年金、職場の安全・労災補償などの点では、トレード・ユニオン型の一般の労働組合とはかわらない。

異なる点は、従来の労組の活動範囲よりも問題解決に必要な社会問題にまでかかわっていることである。〝Get out of the way〟（古い殻よ、さようなら）と、公共サービス問題についてテレビ放送をおこない、組合員募集のキャンペーンをしている。組合員個人にたいする不当行為や家族への差別などにたいする法律相談が重要な仕事である。この種の法律相談は、日本の地域一般労組でも行っているが、問題が一件落着すれば事件は終わりで、労組の組織拡大にはつながらないということを聞いたことがある。UNISONは支持政党についての中立である。組合の要求実現のため、政党への献金を行うことはある。
①組合が取り上げているテーマは、たとえば、
●民営化・自由化反対
●公営住宅売却反対
などで、地域ごとに全国キャンペーンに参加している。
②組合に加入するメリットは、
●就労の斡旋を受けることができる。
●職場での助言と支援を受けることができる。
●技能教育の訓練コースに参加できる。
●失業した時に融資を受けることができる。
●地元の協力店で買い物すれば、一定の割引を受けることができる。

(3) 組合費

運動費は組合員の組合費から積み立てたファンドから支出される。組合費は所得に応じて段階を設けている。

学生は一七四〇円／年。二年以上の組合員の場合、一七四円引き下げる。失業中の組合員は二年間、六九四円／年とする。組合費は雇用者が天引きする。

年所得（2014年9月の円換算）		組合費／月（同）
34万8千円未満		226円
34万8千	～87万円	609円
87万	～139万2千円	922円
139万	～191万4千円	1148円
191万4千	～243万6千円	1366円
243万6千	～295万8千円	1688円
295万8千	～348万円	2001円
348万	～435万円	2436円
435万	～522万円	3002円
522万	～609万円	3532円
609万円超		3915円

（4）活動成果

いままでにあげた成果は次のとおり。

- ●全国最低賃金の設定
- ●児童労働の廃止
- ●職場の安全
- ●育児休暇・保育所の設置
- ●年金への繰入加算や退職金の支給
- ●組合費の雇用者による天引き
- ●パート労働者を平等に扱う
- ●移民労働者の保護
- ●職場に影響を与える問題について地元との協議による合意の成功

（５）コメント

ＵＮＩＳＯＮはトレード・ユニオン型労働組合であるが、公共サービスに携わる労働者が官営機関と民営企業の所属を超えた職種・職能のグループを形成している。これは地域社会の住民のニーズに対応しやすい。とくに災害時の復旧、復興にさいして、労働組合の自主的活動を展開できる。

私がＵＮＩＳＯＮを取り上げたのは、これが将来の労働運動の経過形態の一つだと思うからである。イギリスではすでに「工場共同所有法」（一九七六 Industrial Common Ownership Act）による ICOM Ltd. が立法化されており、資金不足を補うＩＣＯＭ基金制度もある。すでにバス業界では、ＩＣＯＭの二つのワーカーズ・コープがＵＮＩＳＯＮに加盟している。

参考文献：ＩＣＯＭについてはジェニー・ソーンリ著、拙訳『職そして夢』（批評社、一九八四）を参照のこと。

９　「モダンタイムス」の職場から公民権運動への反転
――一九三〇年代のＳ・アリンスキーのコミュニティ労働運動――

一九三〇年代、シカゴのゲットーでコミュニティを組織することに成功したソール・アリンスキー（一九〇九－七二）の業績を分析することは意味のあることである。もちろん、コミュニティと言っても、移民社会のアメリカと単一民族の伝統的社会の日本では条件は大きく異なる。

また一九三〇年代と二〇一四年では、政治経済と産業テクノロジーの性質が違っている。しかし、労働組合の社会問題へのかかわりの点では、いまでは古典的とも言えるアリンスキーの哲学と方法は学習するに値する内容をもっていると思う。なぜなら彼は遺書ともいうべき〝Rules for Radicals〟（一九七一）の一書を死の直前に残しているからである。それは「根本からの変革を求める人の取るべき道」と言う意味であろう。

アメリカでは「社会運動ユニオニズム」の運動がすでに始まっている。労働組合運動の本質的な転換の時期にきているのである。歴史をさかのぼってみよう。

（1）移民都市シカゴとバック・ヤード地区

ソール・アリンスキーはユダヤ系ロシア人の移民労働者の子としてバックヤード地区に生まれた。シカゴ大学で考古学を専攻した。学内ではトロッキズムについての論議が盛んであった。かれは犯罪学に興味を持ち、一九三五年（二六歳）のとき研究を兼ねて刑務所に勤務するうち、非人間的な囚人扱いをする獄吏を殴り、犯罪学者となる道を捨てた。そして、犯罪の背景にある社会環境の改善運動に身を投げ出した。そうした経緯で、かれは犯罪者との交際があり、彼らの社会復帰を導く社会開発の有名なヒーローとなったが、生涯その経験を誇示することも隠すこともなかった。

シカゴはアメリカ五大湖の一つミシガン湖の沿岸にあって、一八四〇年には人口がわずか四〇〇〇人の町であったが、一九〇〇年には一七〇〇万人の大都市に成長した。一九世紀後半、アメリカ中西部の農業開発が進み、シカゴは農産物の集散地となり、湖上交通の要所であったからで、ヨーロッパからの移民が急激に増えたからである。シカゴはアメリカの代表的な移民都市である（私がシカゴを訪れた日はアメリカの独立記念日で、国別の移民のパレードが行なわれていた。ドイツ人の列が長く、日本人の列は短かった）。

シカゴには中西部の農業から出る家畜の屠殺場があり、ヤードとは屠殺する前の家畜の収容場のことである。その収容所の裏にある地区をBack of Yardと言った。その地区には生牛から枝肉を製造して包装・出荷にいたるまでの工程ごとに食肉加工業が発展し、移民の多くは食肉産業の会社に雇用の機会を見出していた。また食肉労働者とその家族の生活需要によって、シカゴには多様なサービス人口が増えていった。アリンスキーの父はクリーニング店を営んでいた。

バックヤード地区は移民の中核の住区であった。アイルランド、ドイツ、ポーランド、リトアニア、メキシコ、その他、世界からの移民のモザイックがシカゴの町であった。しかも移民たちは国籍に分かれ、文化、生活慣習の違いから互いに仲が悪かった。とくにアイルランド移民と他のグループとの関係は悪かった。

バックヤードの移民労働者の生活は、プロレタリヤ文学作家、アプトン・シンクレーアが「ジャングル」と名ずけた傑作を世に出したほど、貧困そのものであり、スラム、ゲットーの汚名にまみれていた。そこには、失業、貧乏、非行と犯罪、無教育、不衛生が蔓延していた。にもかかわらず、ゲットーでは住民の分裂と対立、憎悪が渦巻き、コミュニティの形成などに関心を寄せるものがいなかった。

(2) 一九三〇年代前半の産業・政治構造と労働組合
――アリンスキーによるコミュニティの大衆集会の設立――

ソール・アリンスキーがシカゴ大学にあった一九三一〜三三年ころ、世界とアメリカの政治・経済状況は一変した。

①世界恐慌の発生
②アメリカにおける重化学工業時代への移行
ベルト・コンベヤー方式への移行にともなって機械化される人間労働の現実を、チャップリンはかれの映画「モダンタイムス」で痛烈に批判した。
③裏切られたソ連社会主義革命とスターリン主義の形成
④英仏の国際的地位の低下とドイツにおけるヒットラーのナチズムの台頭
⑤スペイン市民戦争

アリンスキーは自ら育ったゲットーの非人間的な生活環境を改善することを住民に訴えたが、最初は互いに憎みあい不和を続けている移民グループからは無視された。そこでかれはまず出自が異なる移民の屠畜労働者たちに、労働する人間としての労働条件の改善問題を取り上げげて、資本家との交渉の道を開拓することに着手した。それはかれの力だけではできることではなかった。運動が開始できるに至ったのには、一九三〇年代の時代の風があった。その風の中心勢力を彼は見逃さなかった。

その第一は、アメリカの労働者の組織の画期的な変化である。それまでのアメリカの労働組合の基本形態は、大工、機械工、水道工に代表される手労働に由来するクラフト・ユニオン型のＡＦＬ（American Federation of Labor）であった。

しかし一九三〇年前後には産業構造は鉄鋼、自動車、ゴムを基幹とする機械・重化学工業に転換しつつあった。ＡＦＬの闘争は鉱山や繊維産業でも資本家との交渉に敗北することが多くなった。産業構造はマスプロ時代に移行しつつあり、工程の機械化とともに労働には熟練工と不熟練の差がなくなってきた。クラフト・ユニオンでは不熟練労働者を組織することができないから、労働市場でも雇用主に対抗できなくなった。それでもＡＦＬの労働貴族たちは居眠りを続けた。

ＡＦＬにとってかわるべく登場したのは、ジョン・ルイスのＣＩＯ（Committee for Industrial Organization）である。ルイスは不熟練労働者の加入を認め、単純工の賃金格差を是正する産業別労働組合を組織した。そして工場ストライキの強行戦術によって賃金引き上げや労働条件の改善を資本家にせまって勝利した。

第二は、カソリック教会の司祭のなかに、とくに信者指導神父のなかに、アリンスキーのコミュニティの改善運動の支持者が現れたことである。その背景には、ポプ・レオ（Pope Leo）一三世による一八九一年回勅があった。回勅は、生活できる賃金をめざす運動は労働者の正当な権利であることを保障した。伝統の規範がない移民社会では、キリスト教とくにカソリック教皇の回勅が社会生活における正義の基準になる。これがＣＩＯの指導者、ジョン・ルイスの闘争を正当化したのである。

第三は、一九三三年にフランクリン・ルーズベルト大統領の連邦政府が「全国産業復興法」(National Industrial Recovery Act ― NIRA) 案の議会通過に成功し、労働者が組合をつくり雇用主と団体交渉する権利を認めたことである。三〇年代以前の自由主義アメリカでは、資本家が労働者の団体交渉を拒否する自由を許していたのであるが、ニューディール政策の目玉の一つとして、この法律は労働者に団体交渉権をはじめて付与した。

全米のこうした大状況の変化のなかで、シカゴではアリンスキーの運動が着々と進んだ。かれは非行犯罪の防止を目標としてコミュニティのあらゆる問題を取り上げて生活環境を変えるための地域の全員参加による大衆集会を四カ月かけて組織した。その決議を実行するため、個人参加による地域プロジェクト委員会 (Area Project Committee) というコミュニティ評議会を創設した。

それには、アリンスキーと相互信頼のあったＣＩＯのルイスの支援がものを言った。ルイスは一九三八年、若い Herb March（ニューヨーク市大ブルックリン校出身の労働者階級の青年、青年共産主義同盟の一員で反ファシズム運動家）をシカゴに派遣した。March はバックヤードの屠畜工場で会社にたいするストライキを組織した。そしてかれは容姿端麗でカリスマ的雰囲気をもっていた。そのストライキを通じて、いままで不和と分裂を続けてた移民労働者のグループとその息子たちは初めて一つに団結した。移民意識から階級意識に目覚めたのである。そして食肉産業労働団体委員会（PWOC — Packinghouse workers' Organization Committee）を組織した。

ＰＷＯＣの運動のなかから数人の若い活動家が生まれてきた。その一人は、屠畜場で働く労働者階級の青年、ジョー・ミーガン（Joe Meegan）である。かれはアリンスキーの片腕としてはたらいた。かれの妻もＰＷＯＣの女性の組織化に貢献した。その結果、労働組合員の一人をＰＷＯＣを代表する個人として、アリンスキーの主導するコミュニティ評議会に送り出すことにした。このときＣＩＯのシカゴ食肉加工労働組合はバックヤードのコミュニティづくりに参加する労働組合となったのである。

（3）ラディカルなプラグマティスト

アリンスキーはシカゴでの成功の経験をその他の都市に広めたが、時代は第二次大戦に入っていった。かれの運動は戦後の公民権運動に発展していくのであるが、それは別稿に述べるであろう。

アリンスキーはアメリカの移民社会の病魔と闘い、アメリカ社会に変革をもたらした。しかしかれはマルキストではなかった。生涯、政治運動にはかかわらなかった。

かれは、第二次大戦後のマッカーシズムの左翼弾圧のなかで、青年とくに中産階級の若者が観念論の「変革」とか「革命」という言葉を口ずさみながら次第に保守化する傾向を喜ばなかった。かれは証明のない教義を他人に押し付けるドグマにむなしさを感じていた。それのみならず、「革命」という言葉を嫌いまた「社会の進化」と言い替える風潮も退けた。それは客観立場を装って逃げることにほかならないからである。かれはあくまでもラディカルなプラグマティストであった。

参考文献：Sanford D. Horwitt; Let them call me REBEL — Saul Alinsky、His Life and Legacy（1992）
Saul Alinsky; Rules for Radicals —A Pragmatic Primer for Realistic Radicals（1971）

10　オルガナイザーに必要な資質――S・アリンスキーの提案の解説――

保守的と言われるアメリカの労働組合運動に、一九九〇年代後半から「社会運動ユニオニズム」への転換が提起されている。これは従来の全国労組AFL－CIOのビジネス型の労働組合運動の衰退を反省し、それを転換するために社会運動の方法を取り入れようとするものである。そして現在のアメリカには社会変革を志すオルガナイザーをトレーニングする民間研修施設がいくつかある。

そのひとつがMidwest Academyで、一九七三年以来、中西部の主要都市を巡回しながら、すでに三万人以上の活動家がトレーニングを受けたという。その研修マニュアルの基礎になっているのが、前に紹介したソール・アレンスキー（一九〇四－一九七二）の研修方法である。コミュニティの成り立ちは日本とアメリカでは大きく異なるが、思想家でもあるかれの提案は十分検討するに値する。

（1）オルガナイザーとはどんな人物か

社会の根本変革を目指すオルガナイザーと言えば、われわれは能弁で剛直な人物を想像しがちである。たとえばマルクス主義を信奉する社会革命のオルガナイザーは、プロレタリヤ独裁の無謬性を信じて、社会主義政権ができれば人間解放が実現されるとの展望に立って、現在の行動指針を提案する。キリスト者の場合は、三位一体の神学を絶対的真理と信じて、キリスト教に帰依することを勧める。

しかしアリンスキーは無謬性とか絶対的真理があるという立場はとらない。アリンスキーは原子物理学者ニールス・ボーアの次の言葉、「難題がひとつのときは希望がないが、二つのときはそれらを対比して両方を揚棄できる」という意見に共鳴している。アリンスキー自身によれば、かれは「反・反コミュニスト」である。かれの提言を理解するには、アメリカでは珍しい教養としての弁証法的唯物論の思考を受け止める必要がある。

真理は相対的なものだというアリンスキーは、どのような社会をつくろうとしていたのか。かれはオルガナイザーが作る組織は間違いを犯す人間社会であるかもしれないという。その社会には当然ブレがあるであろう。でもその誤りを反対の考え方によって訂正する機能がある社会でもある。かれが死の前年に書き遺した〝Rules for Radicals〟によれば、そんな復元能力のある社会がかれの目指す社会であり、それを構成するアソシエーションとコミュニティづくりを夢みていたと思う。かれは自分が真理の相対性を信じること自体、信じることにおいて自己矛盾から免れないことを知っていた。かれはそのような懐疑主義的な知性をもったインテリであった。それにもかかわらず、かれはなぜラディカルな社会変革を目指すオルガナイザーの養成に力を注いだのか。換言すると、社会的真理の復元能力にたいする確信にいたるには、どのような資質とトレーニングが必要であるのか。

アリンスキーのトレーニング・コースは一五か月を区切りとした。それに参加したのはいろいろな経歴をもったいろいろな国の出身者であった。中産階級の女性、カソリックあるいはプロテスタントの修道者、学生運動家、南米の革命党員、ラディカルな哲学徒などなど。

そもそも職業的オルガナイザーには、雇用されて働く労働者のような定時労働的な仕事がない。仕事は家のなかにもちこまれる。不意に訪問者がくる。電話が昼も夜もかまわずかかってくる。妻や恋人の理解なしにはやっていけない。スケジュールの立たない生活。オルガナイザーとはこれが人生なのだと覚悟しなければならない。

アリンスキーはオルガナイザー養成の経験を振り返ったとき、成功より失敗のほうが多かったと告白している。労働組合のオルガナイザーのグループは団体交渉の時には活動するが、ひとたび労使の契約ができてしまうと、あとの数年は国際情勢や政治の話に明け暮れている。また世界恐慌時の労働者の悲惨な生活の懐旧談を楽しむが、いま何をすればよいかがわからない。ソーシャル・ワーカーのグループは現場活動に関心があり、細かいことの改善に誇りと責任感をもち資格もとって働くが、コミュニティを取り巻く大状況の変革については無関心である。オルガイナイザーのそれぞれの限界を取り除くことは、アリンスキーのトレーニングでは手に負えなかったと述懐している。

(2) オルガナイザーに必要な資質

人には銘銘の履歴があるから、プロのオルガナイザーの養成には画一的なマニュアルがないとアリンスキーは言う。

オルガナイザーに適する素質または後天的に養う人格形成の肝どころは何か。男女を問わず、オルガナイザーには必要な要素があるとアリンスキーは言う。

それは以下の要素である。

●真実を求める心――オルガナイザーの仕事は、これまで受け入れられてパターン化した価値や仕組みにたいして、なぜと疑問を発することからはじまる。自分の内部に生まれた疑問を外に出し、真実を求める心を広める媒体となるのがオルガナイザーの仕事である。オルガナイザーは古代ギリシャのかのソクラテスと同じである。

●マイナスをプラスに転じるこころ――疑問を発することは、裏返せば、別の真実らしい何かを想定することでもある。貧困、差別、搾取、病気、不当な扱いを受ける境遇も、オルガナイザーにとって、発想の土壌である。

●想像力――オルガナイザーにとってマイナスをプラスに転化する力の源泉は想像力である。想像とは何もないところからの夢想ではなく、眼の前の具体的なマイナスにたいして反対の行動をとることである。反対の反対は新しい想念にいたる道である。

●ユーモアのセンス――人生は苦しいこと・悲劇的な面が多い。しかし悲劇を笑いとばし喜劇に変え、矛盾を次の飛躍のバネにするのがオルガナイザーの仕事である。

●小さい断片から全体像ないしヴィジョンを描くこと――オルガナイザーの日常は些細な出来事に向きあうことが多い。その断片から全体像を予想するのがオルガナイザーの仕事である。あたかも木の葉を描いて季節の全風景を感じせる芸術家のように。あるいは微分方程式によるモデルを作成して、全体像を解析する科学者のように。ビジョンはオルガナイザーの魂である。

●奇と正、現実と理念の一体性の認識と使い分けの能力——ヴィジョンを実現するには、オルガナザーは物事に奇と正の二面があり、大衆の求める価値には現実的なものと理念的なものが一体になったヒエラルキーがあることを知らなければならない。たとえば、シカゴのバック・ヤードのコミュニティづくりで言うと、住民は自分たちの境遇改善には公民権の獲得が必要なことをよく理解している。これは正の面あるいは理念的価値である。しかしまた同時に安い賃貸アパートに入居したいというニーズも強い。これは奇または現実的価値である。コミュニティあるいはアソシエーションのような大衆組織では、奇と正の面あるいは現実的価値と理念的価値の多様なニーズが絡み合って吹き出てくるのである。それが大衆組織というものである。理念的価値を正面に掲げて行動しても成功するとは限らない。現実的ニーズあるいは具体的な「奇」の動機から始めても、結果的に「正」の面で成功に導くことも稀にはある。

オルガナイザーは社会運動において、奇と正、現実的ニーズと理念的価値の優先順位の組み合わせに柔軟でなければならない。これまでに物事の多面性、相対性の認識の必要性をのべてきたのはそのためである。

●鏡の中に二人の自分をみる——前項で述べたことの再説になるが、オルガナイザーは政治的には「二人の私」を抱えることになる。行動とは一〇〇%の天使と一〇〇%の悪魔が共存するものである。それがオルガナイザーの宿命である。

●自我（Ego）の確立——エゴ（Ego）はEgotism（利己主義）ではない。自分の中にある矛盾を認識しつつ、それでも外部環境に働きかける経験を重ねるうちに確信が生まれる。その確信は恐れを自己否定することから生まれる自信である。それが自我（Ego）というものである。それはドグマに基づく行動ではない。懐疑主義の上に創られる勇気である。

アリンスキーのオルガナイザー論は複雑である。しかし納得できる提案である。かれは言う。「オルガナイザーという職分は不確実性の探求である」。古いものから新しいものへ、また紛争から神聖なものへの挑戦がオルガナイザーの仕事である。

かれは言う。かれの活動の初期のコミュニティには地縁的人間関係があった。しかし現在のアメリカでは地縁が薄れ、カネやイベント、思想がコミュニティの要素になった。オルガナイザーはこれらの条件を考慮しなければならない。しかし人間の相互の助け合いがコミュニティの基本であることに変わりがない。

権力者は創られた価値を維持しようとする。それとは反対にその価値を疑う宿命にあるのがオルガナイザーである。ラディカルとはこのことである。

参考文献：Saul D. Alinsky; Rules for Radicals（1971）

第4章　日本型コミュニティの再生のために

1　女性はなぜコミュニティづくりに強いのか
――山形県長井市の「レインボープラン」に寄せて――

演歌といえば、一途な女の恋の世界が主流である。男女の風景は松とそれに絡む藤の姿のようでもあるが、それは一面のこと。生活者としての女性は全く次元の違う姿を見せる。その力を再確認したのが、副題にある「レインボープラン」においてである。

（1）「レインボープラン」の考え方

長井市の「レインボープラン」はすでに約二〇年の実績をもち、また有名でもあるから説明の必要もないであろうが、順序として簡略に経過をのべよう。

一九八八年、長井市がまちの将来計画づくりに市民の参加を呼びかけたことから、それは始まった。「まちづくりデザイン会議」には、市民九七人が集まった。その中の三人による「農業部会」が「生ゴミがよみがえるまち」という構想を提起した。それは、菅野芳秀（現在、水田四ha、畑一五アール、自然養鶏八〇〇羽の経営）、武田儀一（農業）、木村晃（幼稚園経営）の三氏である。

市街地の一般家庭五〇〇〇世帯（長井市の全世帯数九、五〇〇、うちごみ排出世帯四九八六、年間一世帯あたり生ゴミ排出量三〇三kg。二〇〇〇年現在）から分別された生ごみ一五〇〇トン（年間）を、二二七箇所に設置した収集ステーションを通じてコンポストセンターに搬入し、もみ殻五〇〇トン／年と畜ふん五〇〇トン／年を加え、八〇日前後で堆肥五〇〇トン／年にする。

コンポストは「むら・生産エリア」の農業生産者（認証制度参加農家四三戸。参加農家以外のコンポスト利用は二五八トン。同年）に引き取られ、健康で安全な農作物に活用される。収穫された農産物は生ゴミを分別提供した消費生活者に届けられ、また直販所で販売される仕組みである。

ごみ処理費用（トンあたり）としては、焼却の場合二万五三三五円／トン、生ごみコンポストの場合二万五三二三円／トンでほぼ同じである。（年次同前）

「レインボープラン」は次の三つの基本的理念に基づいている。

●循環——レインボープランは二つの循環を創っています。ひとつは「土から生まれたものを土にもどす」という循環、もう一つは「まちとむらをつなぐ人とひと」の循環です。

●共生――すべての市民が、職業や立場の違いを超え、同じ地域に暮らす者としてお互いに協力しあい、住みよい地域を創っていきます。
●生命――米も野菜も果物も、食べものは土から生まれます。私たちは土を食べて生きているようなもの。土の健康を守ることは生命を守ることにつながります」（長井市ブロシュア「レイボープラン　循環型社会をめざして　地域からの挑戦」による）。

（2） 生活者の女性の強さ

人間同士の絆は、単なる掛け声では長続きしない。物の交流や技術継承や協同労働を通じてしかできない。

発案者三人が市内の関係団体に説明にまわることになるが、まっさきに訪れたのが女性団体である。その理由は生ゴミからのコンポスト製造にとって、生ゴミの分別収集が成否をわけるキーポイントだからである。そして家庭で分別し、コミュニティの中に設定された収集場所まで運ぶのは主として女性たちだからである。

かれらが訪れたのは「長井市連合婦人会」「長井市消費生活者の会」「中央地区女性の会」の三つの団体である。

(i) 長井市連合婦人会——連合婦人会は行政とは独立した市民自治のコミュニティを女性の立場から運営している基本組織である。コミュニティはたくさんの人のつながりの糸がタテ・ヨコに織り合わさってできているので、ひとのつながりの多い女性たちが活躍することになる。

たとえば選挙の管理、高齢者のための敬老会、障害者とのコミュニケーション・手話、環境美化のための花の植栽、地域の安全のための防犯、防災(長井ダムの視察)、青少年の健全育成、交通安全、暴力の排除などのような人権、とくに女性の地位向上と住みよい郷土づくりのような市民社会の普遍的価値にかんする事柄をこなしてゆくのが婦人会で、それら各種の婦人会が集まるのが連合婦人会である。

(ii) 長井市消費生活者の会——趣旨は前記の婦人会と同じであるが、問題の取り上げ方が子育て世代の暮しの出来事が切り口になる。たとえば雪おろし、結婚・離婚、妊娠・出産、国民健康保険、ゴミ出し、税金、高齢者介護、悪徳商法対策、放射能汚染、交通安全などである。これらの共通の心配ごとを、公民館で出前講座のかたちで学習することが多い。

(iii) 中央地区女性の会——最上川の舟運で栄えた長井市の中心をなす市街地で、生ゴミの収集に参加する所帯が多い地区である。男女共同参画の意識が高く、裁判員制度の学習をはじめ生涯学習が盛んである。郷土文化の踊りやふるさと伝統芸能のイベントも盛んである。

以上のように長井市の女性たちは公民館を活用したコミュニティ活動を通じて社会意識、環境意識が高いから、「レインボープラン」の成功のカギを握っているということができる。実際、コンポストセンターに集まった生ゴミを見ると、ほとんど異物の混入がない。こんな完璧な分別は見たことがない。長井市の女性たちの民度の高さを示している。

さて、なぜ女性はコミュニティ活動に強いのか。女性学に全く弱いのを棚に上げて、独断と偏見のお許しをいただいて推測しよう。

生活者の女性社会では、男性社会とちがって、学歴も企業忠誠心も人脈も取引関係・ゴルフ付き合いも関係がない。みんなが人間同士の平等な関係で参加ができる。よそでは、定年退職して自治会に顔を出す男性たちのなかには、企業社会での栄光が忘れられず、「俺は社長だった、一流企業の部長だった」と自慢話をするひとがいるが、たいてい女性たちからは嫌われる。「文句が多いが体は動かない男どもより、（女性たちの組織の力は）戦力になります」（持田喜代「東京赤坂から（その二）——限界集落のまち」『協同社会』第六号）というのが実際である。

コミュニティの仕事は数多くしかもこまかい事が多い。その上、体系もなく時間にかかわりなく発生してくる。これに対処するには、制度や規則、システムに拘束されてしか行動できない男性よりも、女性のほうが感覚的にむいている。

(3) 男はなにをすればよいか

しかし、女性パワーにも弱点がある。恋におちた女性は、演歌ではないが、必ず「逢いたい」、「話したい」、「お傍にいたい」という。人間同士の共生・共存の空間の体感距離が短いのである。これはコミュニティのような具象的な密度の高い居住空間の出来事を考えるのには適している。しかし抽象的観念的な地域の構想や計画にはむいていない。

早い話が、今年になって、「置賜《おきたま》自給圏構想」というのが、この地域の有志で論議され始めている。新自由主義の経済が支配的な国では、市場経済の常識に従うかぎり、西置賜地域がめざましく浮上する可能性は小さいと思う。現に西置賜の三つの中心都市、長井、南陽、米沢の市街地でさえ店舗を閉める家が多くなっている。また製造業は労賃の安い新興国に移っていく傾向がある。

もし勝手な意見を述べることが許されるならば、私の意見はこうである。この地域の課題は、価値観や発想を変えて、労賃・所得はすくなくとも、生甲斐をもって働くことができ、地域医療と福祉が充実した地域にすることである。そのベースとなるのは、「エコと癒しの農業エリア」を創造することである。

ＴＰＰの時代には、日本農業はタイプ分けすれば、自由貿易対応の商業的農業と国内自給的生業農業に分かれる。西置賜農業地域は後者の農業圏に属するであろう。

ＴＰＰの時代は経済的緊張が高まり、人々にストレスがたまる時代である。東京の鉄道の人身事故（自殺）率の高さがそれを物語る。抑圧感、希望の喪失感に打ちひしがれる人が人間性をとりもどすリフレッシュのための社会的空間が強く求められる。森林療法がその一つであるが、これは森林の高度な文化的活用の方法であって、エコセラピーとして精神医学の対象となっている。これを森林だけではなく、エコ農業の分野に拡大しようというのである。日本人も外国人も疲れた人の心と体のリハビリを支援するメッカにするのである。

これからは農村固有の文化と人間に触れるカントリ・ツーリズムの時代である。置賜地域の民度の高さをかんがえれば、その実現は可能である。日本文化の普遍的価値の実現に情熱を燃やす置賜都市圏は、「世界都市」のひとつと言える。

参考文献：菅野芳秀著『土はいのちのみなもと　生ゴミはよみがえる』（講談社、二〇〇二）

2　高齢化とTPP時代の農村コミュニティの一つのモデル
――東広島市小田地区「共和の郷・おだ」――

小林元氏（JC総研）が協同組合学会において、「共和の郷・おだ」について行った報告（注1）はきわめて注目すべきものであった。

それは日本農村の伝統的集落がP・ハーストのいう「選択の自由のあるコミュニティ」（本書三〇一頁）に生まれ変わる過程を具体的に明らかにするものである。概略を再現してみよう。

（1）市町村合併にともなう小田村の変遷

一九六〇（昭和三五）年代の経済成長期がはじまると過疎現象が話題になり始めた。七〇年には米の過剰生産による減反政策のため、中山間地帯の過疎化の進行が現実のものとなった。そして七四年の石油ショックにより経済成長の低下が起こると、広島県では西条など四町村が合併して東広島市が誕生した。

一九九三（平成五）年、GATTのウルグァイ・ラウンドでコメの部分輸入が決まると、九七年には東広島市農協と加茂郡下の八農協が早々と合併した。それに刺激されて、一九九九（平成一一）年には市町村の「平成の大合併」がうわさとなり、河内町小田地区では合併に備えて二〇〇三（平成一五）年、住民の自治組織「共和の郷・おだ」を自主的に設立した。というのは、小田地区は予想される広域東広島市の最も遠い東部僻地にあるので孤立する可能性が強いからであった。

合併後の小田地区（一三集落、二三六戸、六八一人――二〇〇三年現在）では、小学校の廃校、保育所、診療所も廃止になることが予想され、それを自主再建しなければ生きていけない事態が予想され、それに対する備えとして自主的自治組織を設立する必要に迫られた。自治組織を持つことは賢明な知恵であったし、「共和の郷・おだ」はまさしくコミュニティと呼ぶべきものであった。そして二〇〇五（平成一七）年、果たして河内町の東広島市への編入合併が事実となった。

(2)「農事組合法人ファーム・おだ」の設立

小田地区での二〇〇五（平成一七）年のアンケートによると、五年後には農家の四二％、一〇年後には六四％が農業を止めるという結果がでた。

吉弘昌昭氏（六九歳）は広島県の農業技術者であったが、平成一一年に退職し、郷里に同一六年に帰って来た。かれはムラの回復には基本的にまず「人が集《つど》う」機会、そして「話し会う」組織をつくることが必要と考えた。そして始めたのが小田地区一三集落を一法人とする「農事組合法人ファーム・おだ」の設立（平成一七年一一月）である。

この農事組合には小田地区の農家一二八戸（住民二三七戸の五四％）水田四八ha（耕地一二七haの三八％）と農作業従事者四九人が参加した。資本金九八二万三千円を事務所の賃借（農協支所）や初期費用にあてた。

事業は水稲四八・八ha（コシヒカリ一六・四ha、ヒノヒカリ一九・二ha、ありろまん一一・〇haなど）、大豆一八・〇ha（アキシロメ、サタカ）、小麦一八・〇ha、そば三・七ha、野菜一・五ha（アスパラ、トマト、南京、サツマイモ、トウモロコシ）の栽培。土づくりのため堆肥を水田では一・六トン／一〇a、大豆三・〇トン／一〇aを投入している。堆肥原料を福山市の中山牧場から受け入れ、かわりに稲わらを提供している。

日本農業は「機械化貧乏」と言われるが、小田地区の以前の各戸の機械投資額の総計は七億六〇〇〇万円にのぼっていたが、法人化後は六〇〇〇万円つまり一〇分の一に減少した。不要になった農機具は中古品として農機具販売会社や個人に売却した。従事者には自動車会社からの転職者もいるが、労働にたいする給与は、前歴は問わない時給制とした。トラクターのどの機械のオペレーターも一万二〇〇〇円、その他は八〇〇〇円程度としている。就労時間は自分の都合で選択できる。

水稲や大豆栽培の余剰労働力を米粉パン工房に活用し、また味噌づくりを二〇一二（平成二四）年から始めた。女性は野菜の直売所「寄りん菜屋」を道の駅に設立して販売し、またレストランも兼営している。そのほか環境美化のために水田の畔にシバザクラを植えている。

（3）「共和の郷・おだ」の課題

小田地区は「自分たちの町は自分たちで守ろう」と二〇〇三（平成一五）年に自治組織「共和の郷・おだ」を設立したことはすでに述べた。「小さい役場」と言われる自治組織の機構は左記のようになっている。

（注）白竜部の「白竜」とは、小田地区にあるダム湖の名称によるものであるが、活動内容は健康、友愛、奉仕活動の経験をいかして、地域社会の発展に寄与貢献することである。端的に言うと、健康、教養、地域活動を行うことで、地域活動の内容は地域サロン、しめ縄づくりへの参加、老人集会所の開設、登下校の交通安全・見守り、地域センターへの協力活動である。

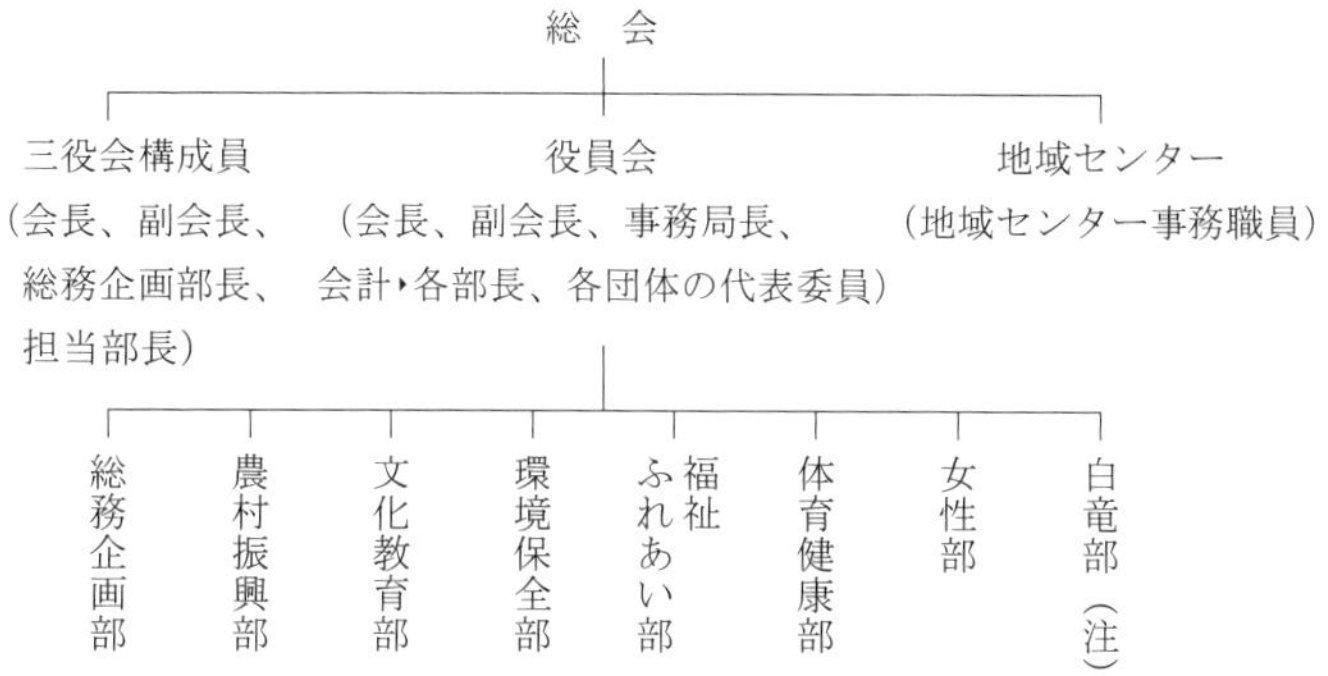

以下は著者の意見である。

「共和の郷・おだ」の農村コミュニティは、古い「宿命的農村共同体」ではない。「宿命的農村共同体」と言うのは、身分的な地縁関係によってその人の活動が固定されてしまう伝統的コミュニティのことである。しかし今の「共和の郷・おだ」はアソシエーティブ・コミュニティに変わっている。

アソシエーティブ・コミュニティと言うのは、自立した個人が自発的に加入し、住まいの安心、安全、郷土の歴史、文化、生活慣習などの普遍的な価値観を共有する地域組合のことである。そして行きすぎた個人主義を戒めつつ社会的規律のある民主的運営がなされるコミュニティである。

次に、アソシエーティブ・コミュニティの一般的条件を提示しよう。

農事組合法人に耕作権を提供して離農ないし耕作縮小した

人々のアフター・ケアーの問題である。個人が離村しないで郷里に住み続けることができるように、生涯現役でいられる仕事を年齢に応じて作る必要がある。

第一に考えられることは、経験と知恵をいかして法人や個人の農事の一部を任されて行うことである。しかも仕事について安定した対価を得ることが重要である。個人で働くには人材センターに登録し、グループで働くにはワーカーズ・コープ（コレクティブ）、ＮＰＯをつくるのもよいであろう。たとえば、コミュニティの維持管理の仕事、環境美化の仕事など社会的に価値のあるコミュニティの仕事をそのなかにいれるべきであろう。

農家所得の個別補償制度は所有する農地面積を対象とするのではなく、地域社会のための実労働にたいする補償に転換すべきではなかろうか。

若者の地元での就労機会を増やすための製品開発と技能研修がコミュニティの課題になる。ベンチュア・ビジネスの創設には、第1章で述べた坂城町の例が参考になると思う。

（注1）小林元「広域的な地域運営組織の協同組織的性格の検討」『協同組合研究』三三巻二号。

3　下町情緒と防災まちづくりの間――東京・台東区谷中の場合――

谷根千《やねせん》という言葉を耳にされたことがあるだろうか。台東区の谷中、文京区の根津、千駄木の頭文字による略称である。東京下町情緒がいまなお残る地区として内外の人びとから愛されている。

四年まえ、谷中在住の坂部明浩氏から手紙をいただいた。私の著作をいくつもよく読んでくださっている読者である。その手紙は谷中のコミュニティでの自分たちの活動のことが具体的にかかれていて紹介したいのだが、それは後にして、まずは五重塔にまつわる想いの一部だけを借用しよう。

「当時私は労協センター事業団にて、山谷の人たちを寄せ場から五〇人集めて毎日千葉の霊園に連れて行って霊園清掃をしてもらっていたことです。東京都からの委託の仕事で私たちがその現場監督でした。約三年間務める中で不思議なことがありました。山谷の人たちはとび職なども多く、昔取ったきね柄と言いますか、荒っぽく（ただし口だ

（図 4-1）谷中の略図

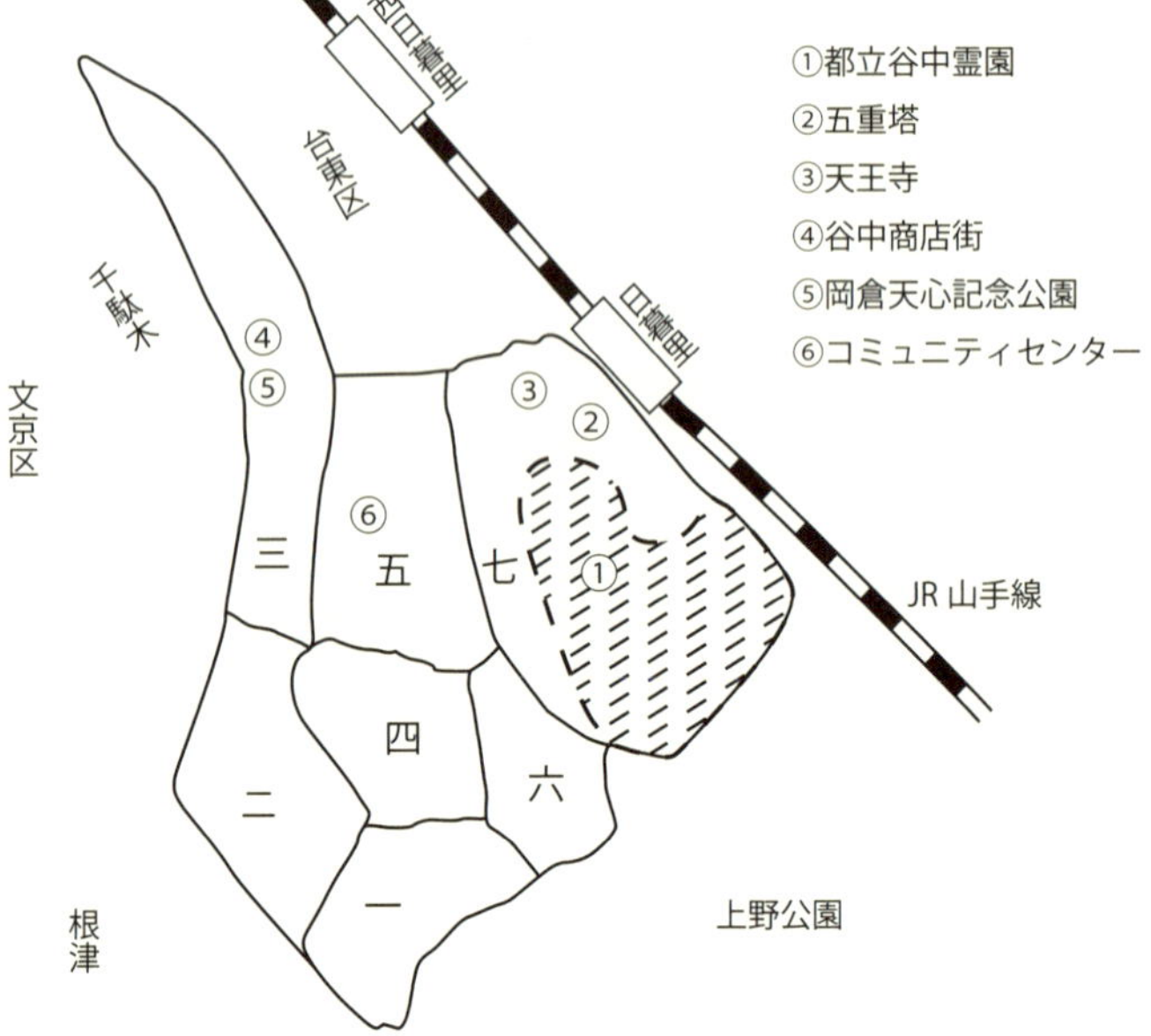

けで、すでに身体はついていけない）、清掃など馬鹿にしてあまりちゃんとやってくれる人が少ないのですが、それでも輪番制で回ってくる労働者が決まってちゃんとやってくれる場所が唯一、東京の各墓地から集められた無縁墓地群でした。谷中の墓地、染井墓地、多摩霊園などの無縁墓地もありました。ここのエリアになると誰もが神妙な顔つきで「今度はおいらがここに入るかもしんねえからなあ〜」とボソッと言いながら、掃いていきます。ふだん荒っぽい言葉づかいだけにかえって切なくなってしまいました……。

そんな経験をもとに、山谷の人たちを念頭に書いたのが先の文とアイデアでした（別稿「五重塔は谷中の心の象徴に」を指す）。せめて谷中の無縁墓地だけでも千葉から戻して、五重塔の下に収めてあげたいという思いでした。それは谷中が山谷から歩いて来れる距離であること。そして、山谷に流れて来た人たちの多くが東北からの集団就職で来た人たちであることから、日暮里（上野）は第二の故郷として、そこに誇らしい五重塔のもとに眠ることが出来るという思いからでした」。

五重塔の再建の願いが谷中の人々のなかにある。塔の跡地は東京都の公有地で宗教施設ではなく、建造物を建てることになるという。坂部さんは身寄りのない方の終焉の場としての象徴的意味付けであってほしい、つまり無縁であるからこそ新たなつながりをそこに発見する（そうしたことは福祉の専売特許ではなく、何もないところから新しい価値を見出す若い人たちのアート感覚にも期待したいところです）と言う（彷徨舎『彷書月刊』一〇月号）。

このお手紙をいただいてから、谷中のコミュニティのことが宿題のように私の頭から離れなかった。谷中のコミュニティを見よう。今年やっと足を運ぶことができた。

（1）谷中地区の観光客

日本で観光客の最多と思われる都市はおそらく京都市であろう。市の面積当たりの観光客数を計算すると二〇一二（平成二四）年には年間約六万人／平方kmである。しかしこれよりも多いところがある。東京の浅草、上野、谷中のある台東区である。スカイツリー人気もあって、観光客は増える一方で、同年四三八万人／平方kmである。観光客の絶対数や密度が高ければ良いというものではないが、社会現象として研究に値するものである。問題は来訪者の関心あるいは目的である。

その点、同じ台東区でも、浅草、上野と谷中は観光客の関心が違うのではないであろうか。谷中には歓楽街も動物園、博物館、美術館、スカイツリー、名物料理など、当世の大衆ブランド化されたものは何もない。それでも観光客数は二〇〇万人／平方kmはあると推定される。

（2）谷中の歴史

谷中が歴史に登場するのは室町時代の一六世紀からで、屋中と書かれていた。谷中の高台が開発されたのは、寛永二年（一六二五）、上野に寛永寺が建立され、その子院がここに立地しはじめてからである。以後江戸時代には、寺院の谷中への大移転が二回あった。

その第一回は慶安年代（一六四八―五一）、神田地区など市街密集地の寺院が郊外の谷中へ移転してきた。

第二回は明暦大火（一六五五）で焼け出された寺院が移転してきた。

谷中が選ばれたのは、風光明媚地であったためであった。というのは、谷中の高台は岬であって、眼下の千駄木あたり（現在海抜一・六m）は海であった。谷中はこのようにして寺町として発足した。その結果、いまでも谷中は寺院の多い寺町である。実際、現在の中央区、台東区などの下町が開拓されたのは、荒川の治水工事の成功によって、水運が進み、物資の積み上げのための川岸《かし》が沢山設けられるようになってからである。そしてそこに商家が居を構え職人が住むようになり、町ができた。

寺町谷中にも人が次第に住むようになった。五重塔は建設と焼失を繰り返した。（正保（一六四五）年に建立、明和九（一七七二）年焼失、寛政三（一七九一）年再建、昭和三二（一九五七）年焼失）この近くに住んだ幸田露伴が書いたのは、寛政の再建塔についてである。

しかし幕末の戊辰戦争の後、幕府の庇護を受けていた天王寺の境内の一部が政府によって召しあげられ、谷中霊園になった。その戦争では、谷中の民家二三戸が焼けた。明治五年（一八七二）の谷中の人口は八九〇戸（華族一、士族五五、僧侶一二〇、平民六八三、寄留三四）、三〇一五人であった。その頃は谷中の低地は田んぼであった。

岡倉天心は美術学校校長であったが、排斥運動をうけて辞任し、明治三一（一八九八）年、いまの谷中三丁目に移住した。そして日本美術院を開き、横山大観、菱田春草、下村観山、橋本雅邦らと、明治三九（一九〇六）年、茨城県五浦に移るまでここで活躍した。現在、岡倉天心記念公園として残っている。

関東大地震の被害はなかった。第二次大戦では空襲で一部の家屋が焼失したが、多くは無事であった。昭和三二（一九五七）年、五五七〇所帯、人口一万九八五五人になった。その後、昭和五五（一九八〇）から平成七（一九九五）年にかけて一万五〇〇〇人前後を維持している。谷中コミュニティセンターは昭和五四（一九七九）年、住民と行政が一二〇回も交渉して地域センターとして設けたもので、台東区職員は三人だけで、残りは住民の有償ボランティアが取り行っている。

谷中は、平成一九（二〇〇七）年、「美しい日本の歴史的風土一〇〇選」の一つに選ばれている。谷中のメーンストリートには「江戸のある街」ののぼりが立てられている。

（3）下町情緒とは

下町情緒というと、多くの人は柴又の「寅さん」とオイチャン、オバチャン、サクラとその夫のヒロシ、印刷会社のタコ社長、帝釈天の御前様（住職）と寺男、そしてかわるがわる登場するマドンナの群像を思いだすであろう。でも彼らはみんな血のつながりのない人たちである。しかし他人《ひと》のことを気遣い、泣き、笑い、喧嘩をし、すぐ仲良くなり、家族のように暮らしている。これが下町のコミュニティというものである。そうだ、谷中三丁目の掲示板に「他の人に気遣いをし、ふれあいを大切にする街にしよう」とかいてある。

ここに住んでいる人にとって、谷中のコミュニティとはどういうところなのか、商店街についての感想を、森まゆみさんは著作『谷中スケッチブック――心やさしい都市空間』（一九八五）でこう述べている。

「コンビニエンスストアやスーパーが近くにも増え、主婦の生活も変わりつつある。それでも私は、谷中銀座はだいじょうぶだろうという気がする。各商店が固定客を持っているし、個性がある。ここでなければ買えない、買いたくないというものもある。」（二五一頁）。

「同じものを買おと思えば、スーパーで黙々とカゴに品物を放り入れ、レジで一ぺんに払ったほうが時間的には半分か三分の一ですむ。パートも含めて仕事を持つ主婦が増えた今日、それはたしかに便利な方法である。でも夕ぐれの谷中銀座をそぞろ歩き、あちこちの店に声をかけ、かけてもらいながら一つ一つの品を買い求めていく楽しさは何ものにも替え難い」。「仕事でいやなことがあっても悔しい目にあっても、「買い物にいこう」と子供を連れて町に繰り出し、顔見知りの誰かと話せばだんだん気分がはれてくる。」(二五二頁)。

実際、谷中は外来者にとって、くつろげる場所である。食べ物でいうと、直感的に「おでん」の味である。そこには三崎坂、あかじ坂、七面坂、蛍坂、御殿坂、富士見坂、紅葉坂などの名前のついた坂が何本もあり、不整形の街には狭い路地が走っている。外来の私も、岡倉天心記念広場近くの主婦から、「谷中まつり」の実行委員会の一人かと間違えられて声をかけられたことがある。「中野区から来た」というと、「さぞ朝はやく家を出たんだね」と。のんびりしたところである。

〔図 4-2〕谷中コミュニティの防災のための街区整備案

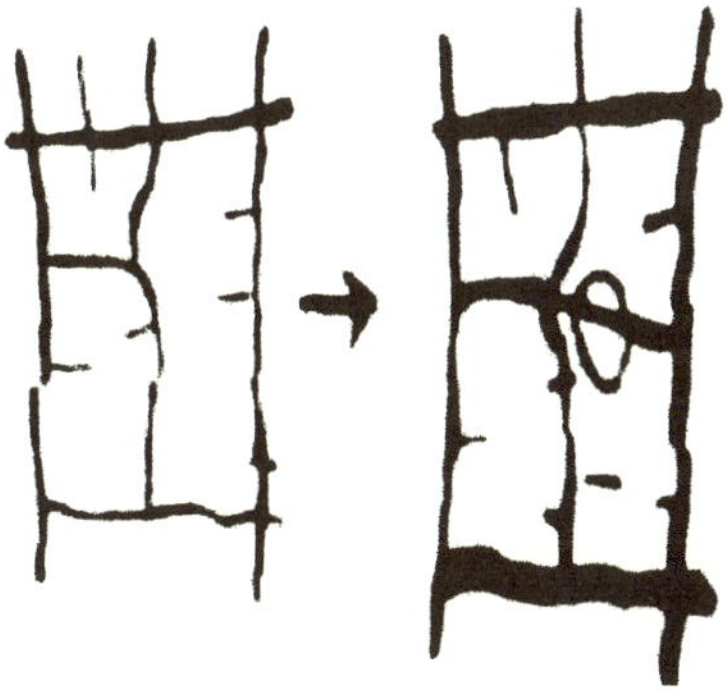

（4）防災について

谷中を歩いて心配になったことがある。それは災害時のことである。

谷中の下町は昭和のはじめに人家が密集し、幅の狭く行きどまり路地が少なくない。地震、火災が発生すれば大惨事が起きやすい。谷中の街が育んだ下町情緒を保存しつつ不整形の街を、防災上いかに改善するかが問題である。

国土交通省都市地域整備局、住宅局の研究調査の「歴史的木造密集市街地における景観に配慮した地震時大火対策の方策的検討調査」報告者は、谷中に、三、五丁目を主として次の提案を試みている。

①骨格の形成――主に街区の外周道路の拡幅整備とともに沿道の建て替えなど、不燃

化を促進する。

②街区内部の避難の安全性を確保するために、行き止まり道路の解消や避難経路協定等を活用し、避難路までの避難の安全性を確保する。

これを図示したのが図4－2である。

前述の坂部氏によると、谷中コミュニティセンターを谷中・防災コミュニティセンターに建てなおすときも、入札の一歩手前で住民の「待った」がかかり、3・11の知見をいかすこと、住民の交流を日常的に深めることが防災に役立つとして、住民による図書館運営をさらに強化したと言う。

4　浅田次郎の『蒼穹の昴』と梁啓超——中華幻想国家と現実社会——

二一世紀の一〇年代、日中の政治関係は最悪の状態にある。中国の清代末期を髣髴《ほうふつ》させる。日本と中国の国民同士の信頼関係の回復のためには、価値観やイデオロギーの問題はさておき、相互の国の成り立ちについての内面的な理解が必要である。その一助として、浅田次郎の作品『蒼穹《そうきゅう》の昴《すばる》』を取り上げ、清末の漢人知識人が始めて遭遇した中国近代国家の建設について、雲の中を訪ね歩くような苦難を思想的に追体験してみよう。その知識人の代表としてふさわしいのは梁啓超《りょうけいちょう》（一八七三―一九二九）である。

（1）浅田次郎が中国人の目線で書いた清末社会

蒼穹《そうきゅう》とは青空のこと。昴《すばる》は中国の世俗の星占いでは権力と富をつかさどる星とされている。

この小説の中心テーマは清王朝（一六三六―一九一二）末期の政争の物語である。

『蒼穹の昴』を一読して深い感銘をうけたのは、その作品が日本の従来の既成観念にとらわれずに、清末の社会と歴史の内面に入りこんで、内部から、言葉をかえれば、中国人の目線で、清末の政治と社会の情況を描いていることである。

小説だから事実と違う点があるのは当然であるが、人間の内面の機微にふれる小説だからこそ、政治学や社会科学の既成概念にとらわれない中国内部の生の現実に迫ることができたのであろう。

日本の学者の場合、その中国認識は、その分析方法が欧米の理論に基づいているから無意識に外からの視線にならざるをえない。例えば東大の東洋文化研究所の故仁井田《にいだ》陸《のぼる》教授は中国法制史に関するすぐれた業績をのこされているが、その理論は日本のマルクス主義の影響を受けているように思われる。たとえば清代国家の性格について「地主国家」説を提起しているのは、日本の左翼講座派の指導者、野呂栄太郎の日本の天皇制についての「地主国家」説の影響によるものであろう。しかし野呂の国家論はヘーゲルの「歴史哲学」の足元にも及ばぬ素朴なもので、清末の理解を妨げる。

浅田次郎の作品は小説というジャンルのせいで、社会科学の機械的な概念操作を免れている。物語は、中国の貧しい庶民社会と雲の上の専制国家の断絶を具象化するために、二人の男を設定している。一人は科挙制度に成功した進士の李文秀である。他の一人は李文秀と同郷の貧民から身を起こし宦官の道を歩む李春雲（春児）である。かれらは小説のなかで数奇な運命の出会い——別離と友情——のもつれた関係をもって事件が進行する。

あらすじを述べると、『蒼穹の昴』の前半は清代の専制国家の底辺にある庶民社会の生活を赤裸々に描いている。家庭の燃料となる牛フンを拾い集めて売る極貧の孤児や浮浪者、その中から官官の道を選ぶ者たちの姿が生生しく描写される。その反対に田舎都市の郷紳家族と郷土の繁栄を期待されて科挙の道を選ばされる主人公、李秀文（梁啓超のモデル）をとうして、清末の家父長制家族制度の実態が手にとるように詳しく述べられる。科挙による行政官僚の登用制度のむなしさを作者浅田は的確に描き出している。実際、梁啓超は後にのべるように科挙制度の廃止を提案した。

この小説で注目すべき点は、中国の底辺社会の独自のルールを明らかにしていることである。極貧社会は無法の社会であるが、無法と言っても、専制国家の儒教的規範ではないだけであって、極貧層の生活に必要な掟《おきて》すなわち特有のルールがある。それは人間的人格を認められていない無知の貧民層なるが故に、逆説的な奴隷の「自由」がある。その「自由」とは、明日の命を保障されない「運命」のままに生きる「自由」である。野生動物のように路地裏に見棄てられて死んで行く「自由」である。貧困庶民の「自由」は個人の運命に左右されるだけに、星占いが発達し、宿命観や「天命」信仰が現実味をもって生きている。

実はこの土俗の「天」の思想は、意外にも貧民層だけではなく、中国の支配階級にも共通する普遍的な思想である。それは古代中国からの伝統的な生命の根源にかんする想念であって、「天」の思想は古代の漢王朝以来、儒教によって権力の根拠とされてきた。政治の場合、広大な国土を統治する権力の正当性を裏付けるのに便利な手段でしかない想念が、宋代の朱子学によって精密な理論に体系化され、その後の中国の知識、教養、倫理の根幹となってきた。梁啓超も基本的にはこの「天」という思想から逃れることができていないように思うが、それについては後述する。

それはさておき、中国社会は本質的に家父長的なタテの家族制度による血縁社会である。そのほかに、血縁以外の運命的出会いによる「義兄弟」的結合がある。義理人情の絆である。家族制度をタテの関係とすれば、「義兄弟」の関係はヨコあるいはナナメ（斜線）の結合である。これは義兄弟を自分の体を張って窮地から脱出させる任侠の世界である。浅田はこの非合理性の合理性に注目している。それは国家の形成には、「天」という外在的想念によらなくても、人間社会の内なる関係から創ることができるのではないかと、清末の専制帝政と共和制の論争にたいして、間接的に一石を投じているようにも思われる。

（2）康有為・梁啓超ら改革派知識人の挫折

『蒼穹の昴』の後半は、この小説の主題である中国人の国家意識を取り扱っている。清国は阿片戦争（一八四〇－四二、日本の天保一一－一三）によってイギリスに香港の租借を許した。それ以来、フランス、ロシア、ドイツなどヨーロッパの先進列強の軍事的圧力によって沿岸部のみならず長江を遡った内陸の諸都市にまで、租界や港湾の使用権をうばわれていった。清国にとどめを刺したのは、一八九四－九五（明治二七－二八）年の日本でいう「日清戦争」であった。外国に侵略されて行く清末の情況は、中国知識人にどういう影響を与えたであろうか。清国の政治体制について言うと、皇朝は満州人の王族とそれに奉仕する寵臣と漢人宦官で固め、行政実務は漢人の科挙出身の官僚が担っていた。梁啓超は漢人行政官僚の典型である。

梁啓超《りょうけいちょう》（一八七三－一九二九、広東省、新会県出身）は、一八九〇年、一七歳で科挙試験に合格した。その後、進士として高級官僚への道を歩んだ。そして衰弱した末期的症状の中国を立て直すには、清国の旧体制を日本の明治維新のように転換する必要を痛感した。これが変法《へんぽう》自強《じきょう》運動である。梁啓超は清国の高級官僚であったため、儒教の教義にしたがって、満州人王朝といえども打倒するのではなく、体制内改革によって清を立て直す改良主義を唱えた。しかし急進的な康有為《こうゆうい》らに説得されて、満人王族の追放と科挙の廃止を含む体制改革派の主張に転換した。

清末の政治は西太后慈禧《じき》（一八三五－一九〇八）が文宗咸豊《かんぼう》帝の側室であったが、帝の死後、子供の同治帝、妹の子である光緒帝の後見として二代の皇帝に代わり権力を掌握した。そして満州族の軍人政治家である栄録《えいろく》（一八三六－一九〇三）を側近とし、宮中の宦官に補佐される宮廷政治は無為無策であった。漢人の高官、李鴻章《りこうしょう》（一八二三－一九〇一）、野心家の袁《えん》世凱《せいがい》（実権政治家）を便宜的に政務に当たらせたが、ヨーロッパ列強の侵略を止めることができなかった。

清王朝体制を維持しようとするこれらの守旧派にたいして、少壮の漢人政治ジャーナリストであり運動家の康有為らは体制改革を唱えた。梁啓超もこれに参加し、皇太后からの政治の奪還による光緒帝の親政と科挙廃止による制度改革を構想した。これを変法派という。守旧派は変法派のクーデター計画を事前に察知し、逆に変法改革派を逮捕し処刑した。これが一八九八（明治三一）年、戊戌《ぼじゅつ》の政変である。

その結果、改革派の多くの同士が処刑されたが、康有為、梁啓超は奇跡的に脱出した。そして二人は日本人のひそかな支援によって、日本へ亡命することになった。小説はその経過をドラマチックに描いている。しかしここでは本筋ではないので省略する。

康有為、梁啓超ら変法派の悲劇は、事件の失敗であるが、それよりも基本的なことがある。それは、老化した清末の専制国家を近代国家に替えるために、ヨーロッパの民主革命に学び、またかれら列強の侵略を阻止した日本の明治維新に範をとろうとしながら、日本に裏切られたことである。

日本は、下関条約において、「日清戦争」の原因である朝鮮の独立の承認を清国に要求した。その大義の確認にとどめておけば、日本と中国の信頼関係はかわっていたであろう。しかし歴史は希望するようには進まない。国民国家の形成途上にあった日本の国民は、戦争費用の負担を回収するために、外相小村寿太郎の弱腰外交を怒声をもって突き挙げ、清国に過大な要求を突き付けさせた。

一、遼東半島の割譲。二、台湾の割譲。三、澎湖列島の割譲。四、賠償金二億両の支払い。五、欧米なみの特恵的な通商航海条約の締結。

一の遼東半島の割譲は三国干渉にあって清国に返還したが、二以下の領土の割譲要求は帝国主義そのものであった。日本はヨーロッパより遅れて中国侵略に現れ、しかもヨーロッパより欲深い帝国主義として現れたのである。これは梁啓超ら改革派の知識人が希望の星としてあこがれた日本への思いをうち砕くものであった。

他方、守旧派は、日清戦争は日本と清国の戦争ではなく、朝鮮の李政府から救援を受けた袁世凱と日本の戦い、ひいては朝鮮を保護下においていた直隷総督兼北洋大臣の李鴻章の私兵との戦いと見ていた。そのため中国では「日清戦争」を国家レベルの戦争と認めず、「甲《こう》午《ご》の役《えき》」といった。そして自らはなおかつ周辺国や他民族に進攻や干渉を行う大国として君臨し続けたのである。

（3）日本に亡命中の思想の変化──「新民国家」と中華帝国思想

日本に亡命した梁啓超は一八九八（明治三一）年の亡命から、一九一二（大正一）年の帰国まで一四年間日本に滞在した。

滞日のはじめの三年は、拘束中の光緒帝《こうしょてい》の救出と復権を試みた。また康有為や自分たち亡命政治犯にたいする日本からの国外追放要求をかわす運動をした。そして日本の政治家、伊藤博文、品川弥次郎、大隈重信はじめ多くの政治家に手紙をおくり接触を試みたが成功しなかった。日本の大物政治家たちは、かれら中国亡命者を見捨てた。

その一方では、梁啓超は柏原文太郎（千葉県成田市出身、一八六九－一九三六、駐日朝鮮政府公使館顧問を経て、東京専門学校の講師時代に東亜同文会の幹事となる。のち衆議院議員）との交流を通じて意気投合し、義兄弟の契約を交わした。そして志賀重昂、福沢諭吉らの知識人を知ることになる。一九〇三（明治三六）年、在米華僑に招かれてアメリカ各地で講演をおこなった。日本に戻ってからは言論活動を再開し、横浜中華街の華僑の援助で雑誌「新民叢報」を発行し、自説を展開した。しかしかれは滞日生活一四年の長期にもかかわらず、日本の民衆の協同社会運動に関心を寄せることがなかった。

この時期から、かれの国家論はかつての康有為ら共和改革派の思想以前の改良主義、漸進主義に戻った。かれは持論として、中国人には愛国心がなく国家意識がないときめつけていた。そのため康有為ら改革派の共和制論に簡単に与することができなかった。列強の進攻という目前の危機に対処するには、否定すべき専制国家をひとまず改良して、上から政治を改良しまた国民を啓蒙する道を選ぶというのが梁啓超の基本姿勢であった。

その姿勢が訪米以後、再び変化した。かれは考えた。国家からの啓蒙によって、中国人は伝統を固守しない国民に変わることができる。つまり洋学と中国の伝統を合理的に融合した「新民」になることができる。この新民は自己の品性を磨き、国民の公益に寄与する「合群」(ピープル)の精神を体得すれば、国家は「新民国家」に生まれかわる。そのことによって庶民と専制国家しかなかった中国に、初めて国民の手触りのある国民国家が実現すると。

そしてさらに考えた。古来、中国人には「国家」意識がなかった。それは国民が「国家」という領域をもった社会体制を、その手で感じることができなかったからである。その結果、中国人は「国家」の概念のかわりに「天下」という抽象的な統治観念をもってきた。しかし新民思想によって「新民国家」ができれば、「天下」という漠然とした統治観念は「新民帝国主義」の概念に発展する。梁啓超は続けて言う。それには清末の満州族排撃を掲げた漢人だけの「新民国家」ではなく、漢民族は「満、モンゴル、回、ミャオ、チベットを統合して、一大民族を結成しなければならない」と。

梁啓超の論理によれば、清末の中国は欧米と日本による侵犯を受けたが、中国ナショナリズムに目覚めると、やがて国民国家を経て容易に帝国主義に発展する可能性を示唆していると考えられないであろうか。それは古代中国の思想による善意の中華思想であったとしても、政治の現実世界では根拠のない迷惑な帝国主義思想ではなかろうか。

(4) 村落社会が国家を形成するメカニズム

梁啓超の「新民国家」の思想の階級性を検討しよう。その検討はかれと政治路線の上で対立した孫文ら共和主義者についてもあてはまるであろう。その検討には第三者の審判が必要であろう。ここに格好の資料がある。それは一九一二(明治四五)年の辛亥《しんがい》革命のとき中国を旅行していたフランスの社会学者、フェルナン・ファルジュネルの『辛亥革命見聞記』(原著発行、一九一四年、パリ)である。かれは梁啓超を知らなかった。それだけにかれの見聞した当時の中国社会と梁啓超ら知識人の思想との突き合わせが客観性を持つであろう。

最初の検討は清末の国民の大部分を代表する農民層の国家認識である。梁啓超は中国人は国家を知らないという。それは近代国家を知らない、だから愛国心がないということに等しいものであった。しかし中国の農民は古代から宗教的な神の存在を教えられていた。そして神と人間との媒介者である賢明な皇帝の必要を認識していた。国土があまりにも広く漠然としているため、かれらにとっては、自分たちの村落こそが実感できる国であった。つまり自然村落（伝統的コミュニティ）が農民にとっては国であった。

「中国人は四億三九〇〇万以上であり、わが国の一七倍の大きさの国土の上で日々の労働に従事しているのである。

全員が同じ思想的基盤、同じ主要な宗教を持っている。南から北まで、ひとり残らず、自分たちが中国人であることを知っている。きわめて小さい村落に至るまで、そこには必ず他の連中にそれを教えてやる学問のある老人がいて、人々は中国の長い歴史について大ざっぱに聞かされている。そしてどんなに貧しい農夫でも堯とか舜とかいう、民族の祖先である太古の聖なる族長的皇帝の名を知らぬ者はいない。（中略）彼らは、ある偉大な神秘的な神によって動かされている天に対して、あるいは畑にとって欠くべからざる雨を期待し、あるいは蒔いた種子を保護してくれる雪を期待する。別の神であり、天の妻である地に対しては、肥沃さを乞い求める。

彼らがあれほど多くの世紀にわたって、様々な、遠い昔の、目に見えない、歴史の物語によって賞め讃えられた皇帝に服従してきたのは、その恩寵なしには人間は一日たりとも生きることのできない。これらの二つの神の心を和らげるのに、皇帝たちの存在が必要だと信じていたからである。」（一五八－五九頁）

農民にとっても村落が自治「国家」として存続するためには、その運営にあたる管理者が必要である。その管理者はいかなる者であったか。

「村落では最も富裕な家の長たちや、元の役人や、官職についていない知識人たちから成る有力者によって、権力が行使される。

旧体制のもとでは、これらの有力者たちは役人や、副知事や、県知事と関係を持っていた。彼らは官吏と民衆の仲立ちをする役目を果たしていた。真の行政の完全な欠如は、この点に関して多くの濫用をもたらした。

農民の家族は自分たちにできるやりかたで、有力者たちの権力の濫用から自らを守った。

実を言えば、有力者のあいだには、公共の福祉のために尽力することを誇りとし、つねに非常に重んぜられる精神的影響力を及ぼした高潔の士がしばしば見出されたのである。

良かれ悪しかれ、この村落の行政は自然発生的な組織の性格を持っていた。この小ブルジョア階級こそ、久しい以前から、革命に献身してきたのであった。というのは、彼らは異邦人である満州人を忌み嫌っていたからである。社会的性格の変革をもたらした教育の改革と、新知識を獲得することを余儀なくされた知識人たちの精神は、小ブルジョア階級の上に強力な作用を及ぼす。新聞が残りの仕事をやった。

宮廷が立憲制に踏み切ろうとした際に、最初の地方議会を設立した諸法令は、これらの有力者を選挙人にした。最初の選挙母体を構成する二五〇万の公民・小額の納税者・有資格者の中身は、彼らなのである。」（一六〇－六一頁）

これらの村落の有力者こそ、梁啓超の言う「新民」に相当するであろう。そしてかれの創る国家が中産階級による権力機構としての「新民国家」であるというわけである。

「今日、共和主義の党の政治家たちが自らの基盤にしているのは中産階級であり、町の人々とともに地方政治を動かし、また、地方において実際の影響力を握っているのは中産階級なのである。

農民たちは彼らのもとにあって、あらゆる国の百姓と同様に、自分たちの労働と毎日の生活の困難とで手一杯である。

（中略）

この莫大な大衆、人類の重要な部分は、政治的には未動員の、しかし利用し得る巨大な力である。……

大衆のばらばらな細胞を再編成することのできる人々にとってはなんという力となることであろう！彼らに生命の息吹きを与え、彼らの道を歩ませることのできる人々にとっては、なんという未来となることであろう！」（一六一―一六三頁）

梁啓超のみならず孫文らの共和派「新民国家」は仮想的なブルジョア中間層国家であるにもかかわらず、村落社会の伝統的な天と地の信仰を基盤とすることになる。そして皇帝であろうと大統領であろうと、庶民の上に君臨し精神的希望を与える最高権力を待望することになる。

(5)辛亥《しんがい》革命(一九一一年)から一〇〇年

中国は辛亥革命後、孫文の三民主義・中華民国、そして毛沢東の共産主義革命、一九四九年、中華人民共和国樹立を経て、二〇一一年には一〇〇年になる。

その間、一九八九年には、北京の天安門に集まった学生と一般市民の民主化要求デモにたいして、「人民解放軍」(軍隊)を出動させて水平射撃を行った。その後も人権活動家や民主化要求運動家にたいする拘束が続いている。これは専制国家のする民衆鎮圧の政治である。

そして富国強兵の思想に立つて、農民を犠牲にした工業優先政策をとり、都市部と内陸農村との格差が拡がり、また都市では環境問題が発生している。世論調査では一党独裁の共産党の支持率は二〇%だと言われている。

ではどうしたら「国民国家」を築くことができるのか。それには清末の思想家、梁啓超が提起した「新民国家」の構想による中華ナショナリズム論までさかのぼって検討する必要がある。孫文と毛沢東らは梁啓超の観念的な「新民」論を実践的に克服した。しかし共和派の意図とは反対に、社会に超越する国家を創ってしまった。国家権力を人民に移譲する方法を案出する議論が不十分であった。「人民公社」の試みはあったが、その後、改革開放政策への転換によって、個人の自由に基づく自主性と民主制のある協同社会への移行の議論は未完におわっている。

参考文献：浅田次郎『蒼穹の昴』。鎮立新『梁啓超とナショナリズム』（芙蓉書房、二〇〇九）。譚璐美「帝都・東京を中国革命で歩く」（白水社連載エッセイ、二〇一三・九・五）。干臣「梁啓超の国家論にかんする一考察――国権、国民論を中心に――」ファルジュネル著、石川湧、石川布美訳『辛亥革命見聞記』（平凡社東洋文庫、一九七〇）

5　習近平体制下の「農民の市民化」政策についての日本からの一提案

いかなる時代、いかなる国においても、国家の号令ひとつで変わらないのが農民・農業・農村である。

毛沢東の中華人民共和国の成立（一九四九年）。合作社（協同組合）の大型合併による人民公社建設運動が全国化（一九五八年）。改革開放（一九七八年）で農業は個人の生産責任制へ転換し、社隊企業（中小企業）へ転換（一九七九年）。憲法改正で人民公社の廃止（一九八二年）。

中国では交通などの公共部門、重化学工業、資源・エネルギー産業などの基幹産業部門は国有国営である。一九九〇年代、鄧小平――江沢民の改革開放路線は、資本家の共産党への入党を認めるなど資本主義化を進め、沿海部の都市に経済特区を設け、対外開放によって重化学工業化を一層促進した。工業地帯は東部の揚子江デルタ地域（上海、南京市、江蘇省、浙江省）、南部の珠江デルタ（香港、深圳、広東省）に広がった。他方、内陸の中西部（内蒙古、甘粛、新疆、山西、陝西、青海省、チベット、ウイグル自治区）は工業化が遅れている。

（1）農民工とは

改革開放で人民公社が解体されると、農村地域の農民は東部・沿海部（北京市、天津市、山東省、河北省、江蘇省、浙江省、上海市）の都市に仕事を求めて移動するようになった。しかし一九五八年当時、都市では食糧が配給制であり、また移動人口を受け入れるだけの住宅と都市施設が整備されていないので、共産党政府は農村労働者の都市への移動を制限するために、農村に戸籍のある者が都市に出稼ぎして雇用されて働くことを禁止した。

農村戸籍を持ちながら都市に出て雇用されて働く出稼ぎの農民労働者を「農民工」という。

かれらは技能の低い労働力であって賃金が低く、平均月額収入は二二九〇元（約三・五万円）、大卒新卒の場合は二二〇〇元（約三・三万円）である。「農民工」は一企業に定着しないので、企業側も契約を嫌う傾向があると言われる。したがって労働時間が長く、健康保険、失業手当、雇用保険がなく、労働組合もない。

「農民工」はGNP世界第二位の経済を支える中国の底辺労働力である。政府は農民工の労働環境の改善をもとめる内外の声によって、二〇〇八年から「農民工」の統計調査を始めた。二〇一二年現在、農民工の数は二・六三億人、全労働者七・七億人の三四・二％を占めている。つまり三人に一人が「農民工」である。

農民工は二つの世代に分かれるという。

第一世代は、一九六〇～七〇年代生まれのいわゆる出稼ぎ農民労働者であって、都市で賃金を稼ぎ、残りを郷里の家の建て替えや家族の生活のために仕送りする層である。かれらは労働者の権利意識が薄い。

第二世代は、八〇～九〇年代に生まれ、二〇〇三年以降に都市に移住した者であって、農業経験がなく農村に戻る気もない者が多い。自分のキャリアを積み、自分の視野をひろげるために刺激を求めて都市で働く層である。比較的学歴の高い若者たちで権利意識もあり、携帯電話でコミュニケーションをとる傾向がある。

(2) 農民工の実態

「中国民工調査」という副題のある秦尭禹の著作『大地の慟哭《どうこく》』を読んだ。四七四頁ページ全体が農民工の悲惨な実態報告で埋められている。だが、別に驚かなかった。日本でも歴史的資料である『職工事情』、『女工哀史』、『ああ野麦峠』などを見れば、一九一〇(明治四三)年頃までの日本の状態も多かれ少なかれこれと似た状況があったことがわかる。だが、本当に驚くべきことは、中国共産党の支配下で、それが行われていることである。アットランダムに具体例を引用しよう。

「警察が仕事をはじめれば俺たちは帰る。警察が帰れば俺たちは仕事を始める。役人を見れば回り道をし、警察を見れば避けて通る。」(一九頁)

「老張は口をゆがめて笑った。「俺はいままでは北京の長期滞在者だ。どんなふうに北京にいるだろう? 北京ではどんなに苦しくても、故郷にいるよりましだ。故郷はほんとうに貧しくて、カネの回ってこない土地なんだ」。……老張のような「板爺」(人力車夫)

は、北京の路地やふうとんのあちこちの人目につかないような場所にいる。彼らのなかの多くは老張ほど気分よく暮らしてはいない。……彼らは北京に対してどんな感覚も感情も持ち合わせていない。「この街の奴は外地の人間を蔑視する。俺たちは一時しのぎで暮らしているのさ。明日どうなるかなんて誰にもわからないよ」。」(二三一〜二四頁)

「朝陽区のある建築現場で、機械の騒音が轟く中で忙しく働いていた。彼らは頭を振って、「食事の質と衛生状態についてほとんど気にかけていない」といった。その中の一人は、「食事の中に蠅や蚊などを見つけても、だいたい残り物に混ぜてしまう」といった。」(二四頁)

「二〇〇三年、大学生の孫志剛は、「暫住証」(暫定居住証)がないため収容されて、撲殺されてしまった。この事件は社会にたいへん衝撃を与え、「暫住証」と関連した収容方法を廃止し、「都市生活に定着していないホームレスの救助方法」を交付した。」(二一一頁)

「ある人が「結婚は靴を履くようなものだ」といった。合うか合わないか、自分の足で試してみなければわからないということだ。民工の結婚は故郷を離れた靴だ。この靴は、見知らぬ都会で苦労している人を乗せ、チャンスを探し、衣食を求めている。結婚は重

責を負うことなので、民工の結婚は風雨のなかで揺れている。そして彼らの五〇％の離婚率は人々を驚かせている。」（四三四頁）

「子供を学校にやらなければ、家で世話をしてやる人がいない。でも、都会で学校に行くにはたいへん金がかかる。どうすりゃいいんだ。俺たちは贅沢なのか」。（三四六頁）

「職場が安定しないし、報酬にも有効な保証はない。ある種の企業（国有、集団企業をふくむ）は、内部で民工に対して差別的な規定をつくっている。一つは同じ仕事でも報酬がことなる。二つ目は残業しても残業代は支払われない。三つ目は給料の不払いがあり、ひどいときには支払い拒否さえある。」（一九二頁）

「西安市の南の郊外の建築現場で、給料を払ってもらえない民工三人が二五階建てのビルに登って会社に払うよう要求した。三人はみな給料欠配に遭っている工員グループの代表で……「飛び降りショー」……」（二四九頁）

「国へ帰って農業をすることはできない。父母にとっては私はたった一人の子供だから、今後両親を紹興に招くことはできる。しかし何年も後のことだ。なぜなら、まだ都会には両親の住むところがないから。」（四三〇頁）

（3）新農村建設――胡錦涛時代――

江沢民国家主席のあとを継いだ胡錦涛時代には、農民工に農村での雇用機会を創り、また定住環境を改善するために、社会主義新農村建設が重要課題になった。その評価について、来日をキャンセルした劉志仁（国務院参事）の報告をそのまま引用しよう。

「その後の各地での新農村建設推進では一定の成果を上げ、全国各地の農村の落伍した状況を改善したことはあったものの、全体的に言えば、都市と農村の格差は拡大され、農民の土地の強制占拠、農民住宅の強制取り壊し、農民を高層住宅へ押し上げる等の農民の切実な利益を侵害する事案が頻発し、また、農村を改造はしたが、都市のようでもなく、農村のようでもないどっちつかずの結果になってしまった地域が多く、広範な末端幹部と農民に強烈な不満を生じさせている。私自身、二〇〇六年一一月に当時の新農村建設で生じていたいくつかの突出した問題について当時の国務院の指導者にそのことだけの報告を直接したことがあり、かつ、中央が提起していた二十字方針（注1）に基づいて新農村建設を推進することのほかに、農村の田園風景や中国の農耕伝統文化を保存し、農村インフラ建設を強化して、農民が農村に住んで居ても都市の人間と同様な現代的生活を送ることができるようにさせるべきであり、かつ、大規模に取り壊し、大規模に新設することはやってはならない旨を進言した。しかしながら、その後は、多くの地域が新農村建設の旗印を振りかざして、村の大合併、農家住宅の大規模取壊しを内容とする新型農村社区（コミュニティ）の建設を大大的に押し進めたため、農民集団の上訴を数多く生じさせた。」（劉志仁「中国の農業、農村政策の新たな変化」二〇一四年二月三日。白石和良元農業総合研究所海外部長訳）

（注1）鄧小平が指示した方針。相手に権力を振りかざさないで、丁寧に対応すること。

（4）習近平体制はどうしようとしているか

二〇一二年、国家指導体制が胡から習に代わった。新指導部は都市と農村の一体的発展を健全化することが課題になり、「城鎮化と新農村建設の協調的発展を促進させる」とともに、村落（村庄）の原風景の保存、樹木伐採の慎重化、湖水の埋め立て禁止、住居の取壊しの減少に留意し、元の村落の景観保持を前提として生活環境の改善をはかることになった。

ここで「城鎮化」と言う中国語がでてきたが、城鎮とは都市のことである。「城鎮化」とは「農民工」が農村地域に定住できるように農村を都市化する用語である。それは農民が市民に変質することを意味するので、言葉の遊びではすまない問題である。再び劉志仁氏の説明を聞こう。

「改革開放以降、中国の城鎮化の歩みは非常に速まっており、城鎮化率（城鎮人口÷総人口）は一九七八年の一七・九％から二〇一二年には五二・六％にまで増大し、世界の平均水準に到達している。一九七八年から二〇一二年までの間に城鎮人口は一・七億人から七・一億人に増大した。同時に、急速な城鎮化の過程で多くの矛盾や問題も累積しており、それらの突出した表現が、生態環境の悪化、交通渋滞、住宅逼迫、突発性災害対応能力の不足に代表される「都市病」と農業の兼業化、農村の空洞化、農民の高齢化に代表される「農村病」である。

都市病、農村病の「両病」の蔓延を防止し、城鎮化の発展を正しい軌道に復させるため、共産党中央は、建国以来最初の「中央城鎮化工作会議」を開催し、人を主体とする新型城鎮化戦略を打ち出した。この会議では、農業から既に移動した人口の市民化を大いに推進するため、都市で安定した就業と生活が可能な常住人口を秩序だて市民化させることを新型城鎮化推進の主要任務とすべきことを提起した。同時に、二〇二〇年までに三億人の城鎮化問題を解決することも決定した。即ち、既に都市に常住している農業から移動済の一億人を都市市民として定着、都市の住宅密集狭隘地域と城中村（注1）の改造による約一億人の居住問題を解決、中西部地域の城鎮化による約一億人の問題解決」である。」（訳文、同前）

（注1）都市の市街化区域に取り残された元農地で未整備のまま放置され瓦礫などの廃棄場となっている場所のこと。

以上の劉報告によって推測すると、習政権の「農民工」三億人の市民化の政策は、次のとおりであろう。

（1）既成の都市移住者一億人については、職住の安定をつうじて市民化をはかる。

（2）都市移住者で劣悪な居住環境にある一億人は、密集住区やスラム・荒廃地の再開発のよって生活の安定した市民とする。

（3）残りの中西部の農民工一億人については新農村建設によって郷鎮企業などに雇用を進める。

(5) ひとまずの結び

劉志仁氏の国務院参事としての上記の指摘は正しい。しかしそれは国家の役人としての限界内のことである。「農民の市民化」が習政権の政策であるというならば、何のための「改革開放」なのかを問わなければならない。そしてまた「市民」とは何かを問わなければならない。

市民とはコミュニティ(社区)を、国家の指導によってではなく、そこに住む人々が自主的に創り、その自治に参加する義務と権利をもつ人々の集団である。そのためには思想の自由と発表の自由が保障されなければならない。選挙によって代表をえらぶ権利がなければならない。そしてなによりも基本的なことは、人間としての尊厳をもって労働することを含めた基本的人権が確保されることである。しかし「農民工」には市民の基本的人権が保障されていないように思える。

中国で現在推進されている都市化・工業化の行きすぎた弊害を是正するには、社会と国土を破壊した上に膏薬《こうやく》を張るのではなく、まず基本的人権を確認して、市民とそのコミュニティを創るためにこそ都市化・工業化、そして新農村の建設を行うべきである。その限度にとどめるべきである。目的と手段を履き違えてはならない。

これは日本のかつての——またあるいは現在の——都市化・工業化政策のあやまちの反省に立って、日本人からの提案である。

参考文献：劉志仁「中国の農業・農村政策の新たな変化」（二〇一四）。李妍焱『中国の市民社会——動き出す草の根ＮＧＯ』（岩波新書、二〇一二）。秦兊禹著、田中忠仁・永井麻生子・王蓉美訳『大地の慟哭——中国民工調査』（ＰＨＰ研究所、二〇〇七）

あとがき

私は約三年前に刊行した『都市に村をつくる』(日本経済評論社)の「あとがき」で次のように述べた。「協同組合コミュニティの問題について、本年の秋から友人たちと再開する第二次協同社会研究会においてさらに具体的に提言していきたいと考えている」と。そして理論の検証過程を同研究会のホームページに掲載してきた。その収録論文の中から一部を編集したのが本書である。

本書を作成する勇気を私に与えたのは、あるコミュニティのイベントである。東京の練馬区江古田地区には、日大芸術学部、武蔵野音大、武蔵大学があって、そこは若いアーチストの街である。「江古田をアートのまちにしたい!」という一か月にわたる芸術祭が、二〇一三年秋に開催された。

画家のミカミまこさんに誘われて、彼女の出展する怪奇幻想派による「古事記」の朗読演技を観賞した。朗読・常川博行(俳優)、現代語訳・村上ナッツ(作家)、創作三味線・中里るみ(リサイクルシップ経営)、絵と企画・ミカミまこ(画家)のコラボレーションである。

ミカミさんは「古代の鬼はどんな姿をしていたのだろうか」と、常識に飼いならされた私がハッとするような言葉を発する。また中里さんは古代人の出立《いでたち》すがたに変装して、自宅の赤羽から江古田まで裸足で来たという。かれらは折口信夫の考古学も『古代感愛集・近代悲傷集』もおそらく読んだことがないであろうと思われるのだが、折口信夫のように感性から実在に迫ろうとしている。

その若いアーティストたちのひたむきさが、「協同社会」の実在に迫るヒントを与えてくれた。それは日本型コミュニティを認識する方法として、そこに住む人の生活実感をもって語ってもらうことである。今回の『日本型協同社会論事始め』は、その試行錯誤をあえて実行してみた作品である。各章に日本型コミュイニティの構成について、感性による検証をたすける文献を資料として独断で使用してみた。

このため本文に引用した著作や記事は以下のとうりで、お礼を申しあげ、また意図と違う引用については寛容なお許しをお願いする次第である。

渡部琴子著『籠に収まらない鳥もいる』。間宏著『経済大国を作り上げた思想――高度経済成長期の労働エートス』。坂部明浩　手紙。森まゆみ著『谷中スケッチブック――

心やさしい都市空間』。村田喜代著『東京赤坂から（その2）――限界集落のまち』。秦堯禹著、田中忠仁、永井麻生子、王蓉美訳『大地の慟哭――中国民工調査』

なお本文には引用しなかったが、ホームページへの投稿記事が心強い支援となったのは以下のものである。お礼を申しあげる。

田中正治「鴨川から――農村コミュニティの活動報告」。森田邦彦「鎌倉広町の市民の森」。荒田鉄二「脱原発と電力協同組合の可能性」。伊藤三枝子「神楽のある秘境の村」。片山弘子「新しい地域作り――美味しく楽しく！」。山田正「ベネズェラにおける協同組合運動」

二〇一五年三月

石見　尚

石見　尚（いわみ・たかし）
1925年、和歌山県に生まれる。1950年、東京大学農学部卒。農協、国会図書館調査局課長、(財) 農村開発企画委員会常務理事、東京工業大学大学院講師（非常勤）を経て、日本ルネッサンス研究所設立。日本ニーム協会顧問、KINSPARC（インドのNGO）アドバイザー。
農学博士
著書　『土地所有の経済法則』未来社、1966
『協同組合新論』家の光協会、1977
『図書館の時代』論創社　1980
『農協』日本経済評論社　1986
『福本和夫「日本ルネッサンス史論」をめぐる思想と人間』論創社　1993
『農系からの発想』日本経済評論社　1995
『第四世代の協同組合論』論創社　2002
『日本型ワーカーズ・コープの社会史』緑風出版　2007
『我々は犯罪者に非ず――講座福本和夫論』文芸社　2010
『都市に村をつくる――協同組合コミュニティに根ざした国づくりのために』日本経済評論社　2012
住所　　東京都中野区野方4-20-1
ホーム・ページ　協同社会研究会　http://www.h5.dion.ne.jp/~asso/

日本型協同社会論事始め

2015年6月20日　初版第1刷印刷
2015年6月30日　初版第1刷発行

著　者　石見　尚
発行者　森下紀夫
発行所　論 創 社
東京都千代田区神田神保町2-23　北井ビル（〒010-0051）
tel. 03（3264）5254　fax. 03（3264）5232　web. http://www.ronso.co.jp/
振替口座　00160-1-155266
装幀／宗利淳一
印刷・製本／中央精版印刷　組版／フレックスアート
ISBN978-4-8460-1434-6　